Marco **COLOMBO** • Giovanni **LUCCHETTI**

PROVE NAZIONALI

Scuola **Secondaria** di **Primo Grado**

Italiano

IN LINEA CON LE **NUOVE INDICAZIONI INVALSI**

Edizione 2020
COMPUTER BASED

La Spiga
EDIZIONI

INDICE

Marco Colombo, Giovanni Lucchetti

PROVE NAZIONALI - ITALIANO
Terza classe scuola secondaria primo grado

Responsabile editoriale: Beatrice Loreti
Redazione: Giovanna Nobili
Art director: Marco Mercatali
Responsabile di produzione: Francesco Capitano
Progetto grafico e impaginazione: Serafina D'Urzo
Copertina: Curvilinee

Via Brecce 100 – Loreto
Tel. 071 750701
info@elilaspigaedizioni.it
www.elilaspigaedizioni.it

Stampato in Italia presso Tecnostampa
Pigini Group Printing Division - Loreto - Trevi
19.83.435.0
ISBN 978-88-468-3978-7

Il volume è composto da:

Sezione rossa: QUESITI UFFICIALI PER AMBITI E LIVELLI:

Una sezione di lavoro composta da quesiti ufficiali tratti dalle prove dell'anno scolastico 2018-2019. Ulteriori attività sono scaricabili dal sito della casa editrice.

Sezione azzurra: PROVE UFFICIALI GUIDATE

Tre prove ufficiali, due dell'anno scolastico 2017-2018 (nuovo esame Invalsi: tre testi, lessico e riflessione sulla lingua) e una dell'anno scolastico 2016-2017, composta da due testi più la riflessione sulla lingua (il lessico era incluso in quest'ultima). Gli aiuti previsti per ogni quesito guidano lo studente alla corretta risoluzione e alla comprensione del meccanismo delle domande.

Sezione viola: PRENDIAMO CONFIDENZA CON L'INVALSI

Quattro **prove strutturate in base alle richieste del nuovo Invalsi**. Tutte le prove si compongono di tre testi (A, B, C), lessico e riflessione sulla lingua.

Sezione gialla: VERSO L'ESAME DI STATO (attività di preparazione alle prove d'esame)

1. La prova scritta di italiano (breve trattazione sulle tipologie A, B, C e traccia mista)
2. Tracce per l'esame con brevi suggerimenti
3. Sette mappe per il colloquio orale interdisciplinare con breve introduzione.

Tutte le prove sono state pensate a partire da un'attenta analisi degli esempi ufficiali di prove resi pubblici sul sito web dell'Invalsi nonché da una scrupolosa disamina delle indicazioni operative ufficiali fornite dall'Istituto stesso nel tentativo di aiutarti a conoscere il più possibile il lessico e le tipologie utilizzate.

Sul sito della casa editrice **www.elilaspigaedizioni.it** è fornito il file audio mp3 dei brani proposti in ogni prova. Inoltre per familiarizzare con le prove *computer based*, le prove inserite in questo volume sono disponibili anche sul libro digitale in versione interattiva.

LE COMPETENZE RICHIESTE DALLA PROVA INVALSI

Le prove INVALSI verificano competenze che dovresti aver acquisito nel corso del triennio.

Competenze testuali

Comprensione locale e globale: individuare e comprendere informazioni esplicite o implicite e cogliere il significato locale o globale di un testo.

Interpretazione e valutazione: interpretare e valutare l'intenzione comunicativa del suo autore sulla base dell'analisi approfondita di un testo (forma e/o contenuto) e delle conoscenze personali.

Organizzazione logica entro e oltre la frase: cogliere gli elementi che caratterizzano l'organizzazione logica del testo.

Lessico
Riflessione sulla lingua
Ortografia
Punteggiatura
Morfologia e formazione delle parole (analisi grammaticale)
Sintassi della frase semplice (analisi logica)
Sintassi della frase complessa (analisi del periodo)

Alcuni quesiti sono ripetuti in sezioni diverse del libro, ma in una delle sezioni sono commentati.

I CINQUE LIVELLI DESCRITTIVI DEGLI ESITI DELLE PROVE

I risultati delle nuove prove permetteranno di certificare le competenze degli alunni della scuola italiana in 5 livelli:

Livello 1

L'allievo/a individua *singole informazioni date esplicitamente in parti circoscritte di un testo*. Mette in relazione informazioni facilmente rintracciabili nel testo e, utilizzando anche conoscenze personali, ricava semplici informazioni non date esplicitamente. Conosce e usa le parole del lessico di base, e riesce a ricostruire il significato di singole parole o espressioni non note ma facilmente comprensibili in base al contesto. Svolge compiti grammaticali che mettono a fuoco un singolo elemento linguistico, e in cui è sufficiente la propria conoscenza naturale e spontanea della lingua.

Livello 2

L'allievo/a individua *informazioni date esplicitamente in punti anche lontani del testo*. Ricostruisce significati e riconosce relazioni tra informazioni (ad esempio di causa-effetto) presenti in una parte estesa di testo. Utilizza elementi testuali (ad esempio: uso del corsivo, aggettivi, condizionale, congiuntivo) per ricostruire l'intenzione comunicativa dell'autore in una parte significativa del testo. Conosce e usa parole ed espressioni comuni, anche astratte e settoriali, purché legate a situazioni abituali. Svolge compiti grammaticali in cui la conoscenza naturale e spontanea della lingua è supportata da elementi di riflessione sugli aspetti fondamentali della lingua stessa.

Livello 3

L'allievo/a *individua una o più informazioni fornite esplicitamente in una porzione ampia di testo*, distinguendole da altre non pertinenti. Ricostruisce il significato di una parte o dell'intero testo ricavando informazioni implicite da elementi testuali (ad esempio punteggiatura o congiunzioni) anche mediante conoscenze ed esperienze personali. Coglie la struttura del testo (ad esempio titoli, capoversi, ripartizioni interne) e la funzione degli elementi che la costituiscono. Conosce e usa parole ed espressioni comuni, anche non legate a situazioni abituali. Conosce e utilizza le forme e le strutture di base della grammatica e la relativa terminologia.

Livello 4

L'allievo/a *riconosce e ricostruisce autonomamente significati complessi, espliciti e impliciti*. Riorganizza le informazioni secondo un ordine logico-gerarchico. *Comprende il senso dell'intero testo* e lo utilizza per completare in modo coerente una sintesi data del testo stesso. Coglie il tono generale del testo (ad esempio ironico o polemico) o di sue specifiche parti. Padroneggia un lessico ampio e adeguato al contesto. Conosce e utilizza i principali contenuti grammaticali e li applica all'analisi e al confronto di più elementi linguistici (parole, gruppi di parole, frasi).

Livello 5

L'allievo/a *riconosce e ricostruisce autonomamente significati complessi, espliciti e impliciti in diversi tipi di testo*. Coglie il senso del testo al di là del suo significato letterale e ne identifica tono, funzione e scopo, anche elaborando elementi di dettaglio o non immediatamente evidenti. Riconosce diversi modi di argomentare. *Mostra una sicura padronanza lessicale e affronta compiti grammaticali che richiedono di analizzare e confrontare strutture linguistiche complesse*, tenendo sotto controllo contemporaneamente più ambiti della grammatica (ad esempio sintassi e morfologia).

Leggi ora i seguenti testi e prova a rispondere alle domande, suddivise per livelli. Potrai così farti un'idea di quale sia il tuo livello di preparazione.

TESTO A - LA SCARSITÀ DELL'ACQUA

L'acqua è una risorsa naturale indispensabile per tutte le forme di vita e ricopre per oltre 2/3 la superficie terrestre. Tuttavia appena il 2,5% delle risorse idriche è costituito da acqua dolce, che è per lo più immobilizzata nei ghiacci polari e in quelli delle montagne e quindi solo in piccola parte è disponibile per la popolazione umana nelle falde sotterranee e nei fiumi. Sarebbe una quantità teoricamente sufficiente per tutta la popolazione del pianeta, ma oggi l'acqua in realtà è una risorsa sempre più scarsa. Infatti il consumo idrico mondiale aumenta sempre di più (di oltre 10 volte nell'ultimo secolo) e soprattutto sono esplosi i problemi dello sperpero e dell'inquinamento dell'acqua causati da: attività industriali, uso di sostanze chimiche in agricoltura, incremento della popolazione e delle città, crescente produzione di rifiuti e scarichi fognari.

Oggi circa 2 miliardi di persone vivono in paesi con problemi di approvvigionamento d'acqua: in 26 paesi africani e mediorientali, dove abitano 230 milioni di persone, scarseggia l'acqua. Entro vent'anni si prevede che altri 25 paesi (alcuni dei quali europei) saranno nelle stesse condizioni. Attualmente il consumo medio per ogni abitante del globo è di 800 metri cubi l'anno. In realtà vi sono enormi differenze tra i consumi delle popolazioni dei paesi ricchi e quelli dei paesi poveri: uno statunitense consuma 600 litri di acqua al giorno, un europeo 300 e un africano solo 20. Più che alle differenti condizioni ambientali, dunque, l'ineguale consumo di acqua è legato al grado di ricchezza e allo stile di vita. Nei paesi arretrati oltre 1 miliardo e 400 milioni di persone, infatti, non ha accesso all'acqua potabile e oltre 2 miliardi e 400 milioni non hanno i servizi sanitari in casa.

In molti paesi poveri, inoltre, dove le risorse idriche sono gestite da grandi imprese multinazionali, l'acqua potabile è sempre più costosa e sta diventando un bene per pochi privilegiati. Si prevede quindi che nei prossimi decenni il calo di disponibilità di acqua e la tendenza a trasformarla in "oro blu", cioè merce molto costosa, farà aumentare, specie nelle aree meno sviluppate del pianeta, i contrasti sociali e i conflitti armati. A fronte di questa situazione problematica, nel 2002 il Comitato dei diritti umani, civili e sociali dell'ONU ha affermato che l'accesso all'acqua è un diritto umano universale.

Figura 1: areogrammi che raffigurano destinazioni d'uso dell'acqua nel mondo e in alcuni paesi.

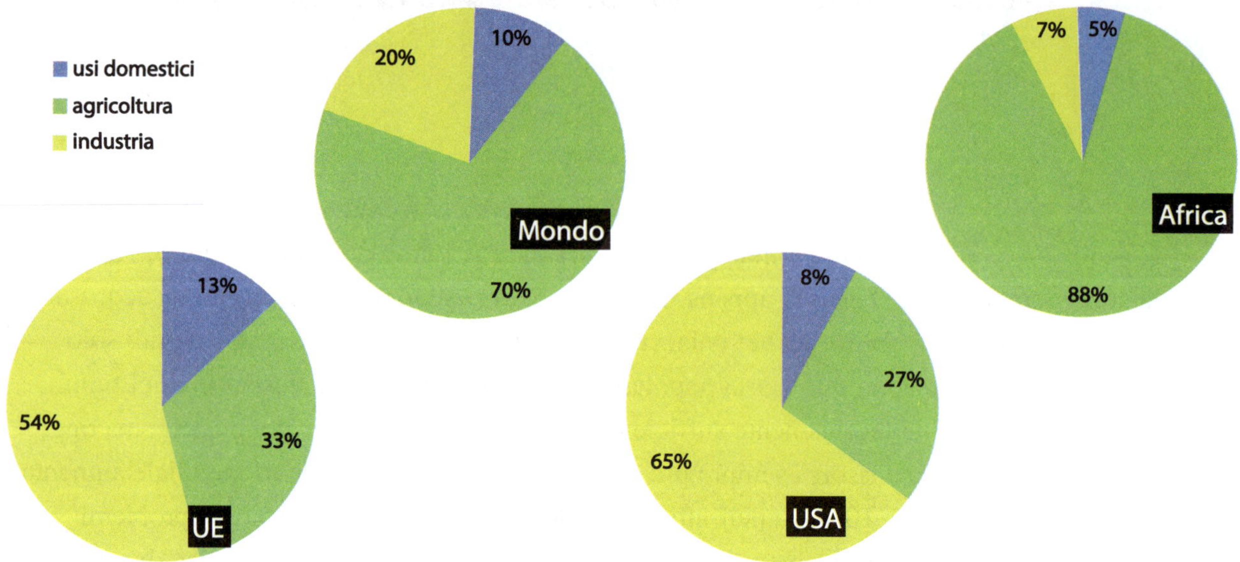

Figura 2: diagramma sull'aumento del prelievo mondiale d'acqua nel Novecento (m^3 per anno)

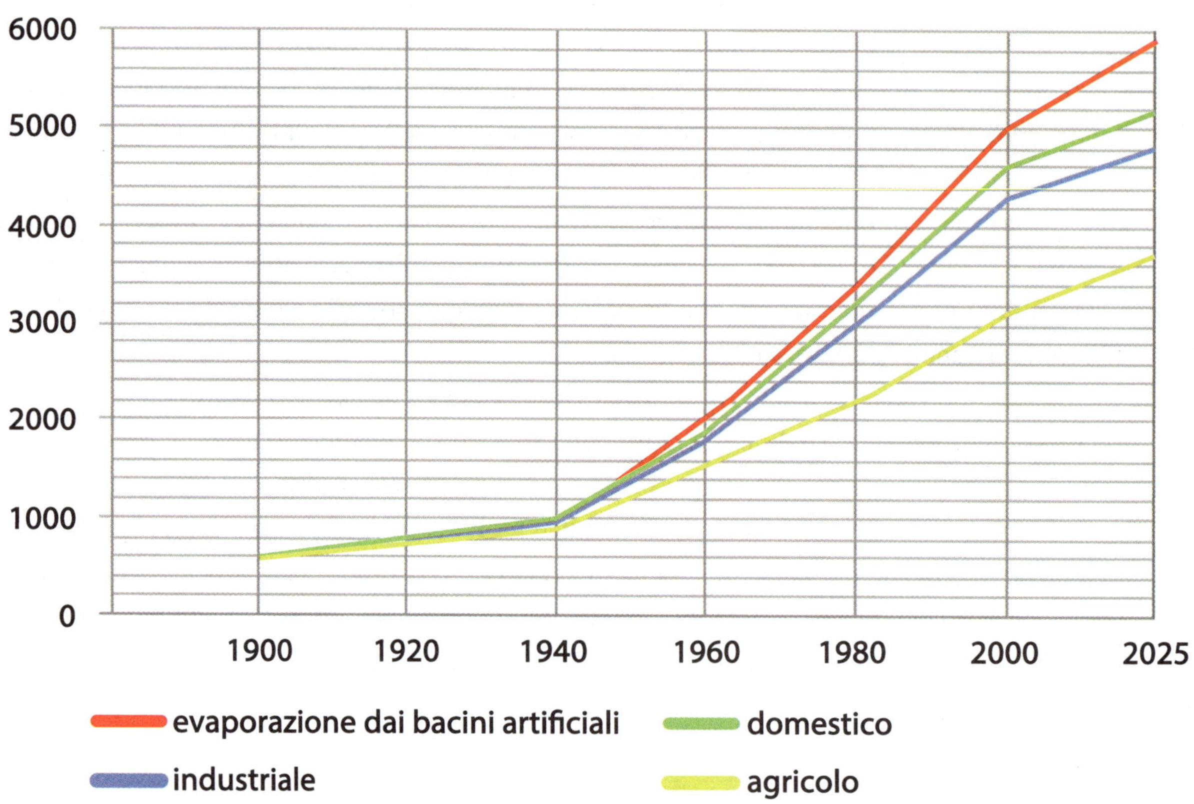

Livello 1

1. **Le acque dolci rappresentano**
   A. ☐ i 2/3 della superficie della Terra
   B. ☒ il 2,5% del totale delle acque
   C. ☐ il 66% circa del totale delle acque
   D. ☐ 1/3 della superficie della Terra

Livello 2

2. **Qual è la causa principale delle differenze nel consumo di acqua tra i vari paesi del mondo?**
   A. ☐ Le diverse condizioni ambientali
   B. ☐ I modi di vivere e il grado di sviluppo economico
   C. ☐ L'inquinamento delle acque che le rende non potabili
   D. ☒ Le diverse abitudini igieniche

Livello 3

3. **Dove si trova l'acqua dolce disponibile per il consumo umano?**
   A. ☐ Nei ghiacciai delle montagne
   B. ☐ Nelle zone polari
   C. ☒ Nei corsi d'acqua e nelle falde acquifere
   D. ☐ Nei bacini artificiali

Livello 4

4. **Nei prossimi decenni, quanti saranno, presumibilmente, i paesi che dovranno affrontare il problema della scarsità d'acqua?**
   A. ☐ 26
   B. ☒ 25
   C. ☐ 51
   D. ☐ 230

TESTO B - IL BALORDO

Idee politiche il maestro Bordigoni si procurava il piacere di non averne; e se ne aveva, si negava il piacere di manifestarle.

Il fascismo a quei tempi badava solo a crescere e a fortificarsi; più tardi, verso il '28 o il '29, diventato esigente, si accorse del Bordigoni. Il maestro Cometta, fiduciario dell'Opera nazionale Balilla, un giorno lo avvicinò e cercò di fargli capire che il nuovo clima in cui doveva crescere la gioventù italiana esigeva dagli insegnanti una partecipazione attiva nel formare anche i più piccoli all'amore e alla devozione verso la patria fascista.

Il Bordigoni ascoltò, ora fissando attraverso le lenti il piccolo Cometta, ora guardandosi intorno con il suo sguardo che non vedeva nulla e sembrava rimandato indietro dalla concavità delle lenti a illuminargli la fronte. Ascoltò e non rispose.

Dopo qualche mese il Cometta lo condusse dal professor Bistoletti, fiduciario del partito per la classe insegnante, perché l'esortazione si trasformasse in un ordine perentorio. Il Bistoletti se ne lavò le mani e lo rinviò al segretario politico. Il segretario politico, che era alto quanto il Bordigoni ma molto più giovane e magro come un chiodo, quando se lo vide davanti lo prese in simpatia e gli parlò bonariamente, mettendogli le mani sulle spalle e avvicinandolo fino a sfiorargli la pancia. "Camerata Bordigoni" gli disse "tu sei dei nostri. E lavorerai con noi, non solo nella scuola, ma anche fuori. Domenica ti voglio qui in sede. Per me sei già iscritto al Partito".

Ma il Bordigoni la domenica dopo dimenticò di andare in sede e a scuola non gli venne mai in mente di parlare del fascismo che probabilmente non sapeva neppure cosa fosse di preciso. Finirono col dimenticarsi di lui. Il segretario politico si giustificò dicendo che il Bordigoni, in divisa e camicia nera, sarebbe stato ridicolo e avrebbe dato un'idea sbagliata del fascismo che era una cosa dinamica, agile e soprattutto giovane.

In verità sarebbe stato una caricatura; e fu la sua mole a salvarlo dai cortei, dai saluti romani, dagli alalà e dalle altre prescrizioni di quegli anni.

Con tutta la libertà di cui disponeva, e col tempo che la scuola gli lasciava per molte ore del giorno e per tutti i mesi dell'estate, Anselmo Bordigoni poteva coltivare i suoi piaceri e incrementare i suoi guadagni mettendo a profitto due profonde conoscenze connaturate alla sua personalità: la pesca e la musica.

La pesca per lui era forse più un riposo e un capriccio che un espediente per integrare il suo salario di maestro elementare. Gli rendeva sì e no in un anno una cinquantina di pasti a base di agoni, persici e alborelle. La musica, invece, oltre ad essere la sua grande passione, gli serviva come mezzo di sussistenza.

Dava lezione di qualunque strumento, generalmente di flauto, di clarinetto o di cornetta a operai o barbieri con buona inclinazione, e di pianoforte a qualche figlio di famiglia. Le sue lezioni erano una o due al giorno; e le impartiva sul tardi, a pesca finita, diffondendo sulla chioma degli ippocastani, dalla finestra aperta, le note del piano o del clarinetto.

Dopo cena, alle otto in punto, andava a sedersi al pianoforte del Cinema Tiraboschi, sotto il bianco telone, con la schiena rivolta al pubblico. Attaccava subito a suonare mentre la gente entrava ancora, e si fermava solo dopo il primo tempo. Insieme al riaccendersi delle immagini sullo schermo riprendeva la musica, per sostare brevemente negli intervalli fra un tempo e l'altro, fino alla farsa finale. Cosa suonasse, nessuno era in grado di dirlo; ed era opinione comune che egli pestasse sui tasti come veniva, ispirandosi in qualche modo alle scene che vedeva succedersi sul telone, se pur gli era possibile vedere qualche cosa stando ai piedi della ribalta.

Livello 1

5. Rileggi il capoverso evidenziato nel testo. Dal contesto, si può dedurre che "agoni, persici e alborelle" sono dei tipi di:

A. ☐ carni
B. ☒ pesci
C. ☐ verdure
D. ☐ frutti

Livello 2

6. In quale periodo storico si svolgono le vicende narrate nel testo?

A. ☐ All'epoca del Risorgimento italiano
B. ☐ Durante la prima guerra mondiale
C. ☐ Negli anni tra le due guerre mondiali
D. ☒ Nel secondo dopoguerra

TESTO C - DALLA FILOSOFIA NATURALE ALLA SCIENZA

Il padre della scienza moderna è lo scienziato pisano Galileo Galilei (1564-1642). Prima di lui altri studiosi, come Copernico e Keplero, avevano fatto scoperte importanti, ma fu Galileo il primo ad accompagnare alle scoperte l'enunciazione dei principi del metodo scientifico, detto anche metodo sperimentale. In base a questo metodo le leggi della natura devono essere indagate per mezzo di esperimenti e verifiche e non dedotte dalle Sacre Scritture o dai testi dei grandi filosofi del passato. Se un'affermazione non può essere verificata con un esperimento, essa non può essere accettata. Il metodo sperimentale prevede 4 fasi:

1. osservazione del fenomeno;
2. formulazione di un'ipotesi;
3. verifica sperimentale dell'ipotesi;
4. conclusioni: se l'ipotesi è confermata dagli esperimenti diventa una legge.

Nel trattato *Il Saggiatore* Galileo sostiene la necessità per lo scienziato di imparare a leggere la "lingua matematica" in cui si esprime la natura:
"[l'universo]... non si può intendere se prima non si impara a intender la lingua, e conoscere i caratteri, ne' quali è scritto. Egli è scritto in lingua matematica, e i caratteri son triangoli, cerchi, ed altre figure geometriche, senza i quali mezzi è impossibile a intenderne umanamente parola". Galileo Galilei avrebbe potuto essere un ottimo musicista come il padre Vincenzo e il fratello Michelangelo, invece divenne il padre della scienza moderna. Galileo fu un grande matematico, un inventore, uno sperimentatore, ma anche un fine liutista, un poeta e un critico letterario innamorato di Ariosto e del suo paladino Orlando.
Galileo era ironico, gaudente, a tratti depresso, polemico, e anche vendicativo, detestava la regola accademica pisana di indossare la toga, e se voleva stroncare un avversario era capace di farlo con un poemetto satirico. Un "brutto carattere" diremmo oggi.
Forse non sempre faceva davvero gli esperimenti che descriveva, come quelli sulla torre di Pisa; a volte descriveva risultati sperimentali più accurati di quelli realmente ottenuti. La grandezza di Galileo non va per questo ridimensionata. Galileo resta colui che ci ha insegnato che la matematica è il linguaggio in cui è scritto il libro della natura, e che ci ha spiegato il legame tra necessarie dimostrazioni e sensate esperienze, cioè tra teoria ed esperimento.
Galileo fu poi capace di richiamare l'attenzione dei contemporanei su alcuni problemi scientifici fondamentali, evidenziando le incongruenze del sistema di pensiero aristotelico. Per esempio le osservazioni di Galileo sulle irregolarità della superficie lunare, che facevano pensare alla presenza di un manto roccioso lunare, resero la Luna più simile alla Terra. Diversamente da quanto sostenuto da Aristotele, il Satellite terrestre non era fatto di una speciale materia incorruttibile. Da quel momento non si poté più tener distinte le questioni celesti da quelle terrestri.
Ciò che rende la fisica e in generale la scienza, così potente, è il fatto che una volta che abbiamo compiuto abbastanza esperimenti e misure siamo in grado di enunciare delle leggi; le leggi ci permettono di prevedere come si comportano anche oggetti che non possiamo osservare o non abbiamo ancora osservato. Possiamo prevedere con che velocità una mela cadrà a terra anche prima che si stacchi dall'albero, o quando passerà la prossima volta la

cometa di Halley anche se al 2061 mancano ancora molti anni. Queste leggi sono espresse con equazioni matematiche: per dirla con le parole di Galileo, il grande libro dell'Universo è scritto in lingua matematica.

Livello 2

7. Nella prima riga del testo si dice che Galileo è "il padre della scienza moderna" perché

A. ☐ si è ispirato alle Sacre Scritture

B. ☐ ha derivato le sue teorie dalle opere dei grandi filosofi dell'antichità

C. ☐ la fama delle sue scoperte ha superato quella di Copernico e di Keplero

D. ☒ ha inventato il metodo sperimentale

Livello 4

8. Qual è la condizione perché un'affermazione possa essere ritenuta accettabile sul piano scientifico? Per rispondere, completa con una sola parola, la frase che segue.

Un'affermazione, per essere accettata, deve poter essere verificata.

TESTO D - L'ANELLO DI RE SALOMONE - PREMESSA

"Ciò che seminai nell'ira
crebbe in una notte
la pioggia lo distrusse.
Ciò che seminai con amore
germinò lentamente
maturò tardi
ma in benedetta abbondanza".
Peter Rosegger

Per scrivere sugli animali bisogna essere ispirati da un affetto caldo e genuino per le creature viventi, e penso che a me questo requisito verrà senz'altro riconosciuto. Ma ho voluto citare i bei versi di Peter Rosegger, perché questo libro è scaturito non solo dal mio grande amore per gli "animali", ma anche dalla mia ira contro i "libri" che trattano di animali. E devo riconoscere che se mai nella mia vita ho agito sotto l'impulso dell'ira, è stato proprio nella stesura di queste storie di animali.

Ma di che cosa mi adiravo? Delle molte storie di animali, incredibilmente false e cattive, che ci vengono offerte oggi in tutte le librerie; dei molti pennaioli che pretendono di parlare degli animali senza saperne un bel nulla. Chi scrive che le api urlano e spalancano le fauci, o che i lucci, lottando tra loro, si prendono per la gola, dimostra di non possedere neppur la più pallida idea dei caratteri di quegli animali, che pretende invece di avere direttamente e amorevolmente osservato. Se per compilare un libro sugli animali bastassero alcune informazioni delle esistenti società di allevatori, persone come Heck senior, Bengt Berg, Paul Eipper, Ernest Seton Thompson, o Wäscha Kwonnesin, che hanno dedicato tutta la vita alle ricerche sugli animali, sarebbero da considerarsi sciocche. Non si possono sottovalutare gli innumerevoli errori che queste irresponsabili storie di animali diffondono fra i lettori, e soprattutto tra i giovani, vivamente interessati a questo argomento.

E non si obietti che queste falsificazioni sono una legittima libertà della rappresentazione artistica. Certo, i poeti hanno diritto di "stilizzare" anche gli animali, come qualsiasi altro oggetto, secondo le necessità del processo artistico: i lupi e le pantere di Rudyard Kipling, il suo impareggiabile mungo Rikhi-tikkitavi parlano come gli uomini, e l'ape Maja di Waldemar Bonsels può esibire un comportamento non meno corretto e gentile del loro. Ma queste stilizzazioni sono permesse solo a chi conosce veramente l'animale. Anche gli artisti figurativi non sono tenuti a rappresentare le cose con precisione scientifica, ma guai a colui che non conosce l'oggetto che pretende di rappresentare, e che si serve della stilizzazione solo per mascherare la propria ignoranza!

Io sono uno scienziato, non un artista, e quindi non mi permetto nessuna libertà e nessuna "stilizzazione". Inoltre ritengo che queste libertà non siano affatto necessarie, e che sia molto meglio attenersi, come nei veri e propri lavori scientifici, semplicemente ai fatti, se si vuole dischiudere al lettore la bellezza del mondo animale. Le verità dell'universo organico si impongono infatti sempre più al nostro amore e alla nostra ammirazione e divengono sempre più belle quanto più profondamente si penetra in ogni loro peculiarità, ed è proprio insensato credere che l'oggettività della ricerca, il sapere, la conoscenza dei fenomeni naturali, possano far diminuire la gioia procurataci dalle meraviglie della natura. Anzi, quanto più l'uomo impara a conoscere la natura, tanto più viene preso profondamente e tenacemente dalla sua viva realtà. E in ogni buon biologo che sia stato chiamato alla sua professione dal godimento interiore che gli procurava la bellezza delle creature viventi, tutte le conoscenze acquistate attraverso la professione non hanno fatto che approfondire il godimento e l'amore della natura e del proprio lavoro. Per il campo di indagine cui ho dedicato la mia vita, cioè lo studio del comportamento animale, ciò vale ancor più che per ogni altro campo di ricerca nel mondo vivente: questo studio esige una dimestichezza così immediata con il mondo animale, ma anche una pazienza così disumana da parte dell'osservatore, che non basterà a sostenerlo il solo interesse teorico per gli animali, se mancherà l'amore che nel comportamento dell'uomo e dell'animale riesce a cogliere e constatare quell'affinità di cui aveva già da prima un'intuizione.

Oso dunque sperare che questo libro non mi venga distrutto dalla pioggia: ammetto infatti io stesso di averlo concepito nell'ira, ma quest'ira è frutto a sua volta del mio grande amore per gli animali!

Altenberg, estate 1949. Konrad Lorenz

Livello 3

9. L'autore espone alcuni motivi che lo hanno spinto a scrivere il libro "L'anello di re Salomone". Indica se i motivi elencati nella prima colonna corrispondono o no al suo pensiero. L'autore ha scritto il libro perché:

		Sì	**No**
a.	è irritato da coloro che scrivono di animali pur non conoscedoli	X	
b.	è preoccupato per ciò che i giovani potrebbero imparare leggendo storie di animali senza fondamento	X	
c.	è convinto che dedicare tutta la vita allo studio degli animali sia poco utile		X
d.	è stato ispirato dai versi di Peter Rosegger che parlano di animali	X	
e.	è spinto da profondo amore e rispetto nei confronti degli animali che studia	X	

Livello 5

10. Inserisci nel testo che segue le parole o espressioni mancanti. Attenzione: ci sono due parole in più.

anzi / invece / prima / ma / quanto più / anziché / mentre / tanto più

Konrad Lorenz afferma che ...mentre... l'artista può concedersi delle libertà nel descrivere la natura, lo scienziato deve ...invece..... attenersi ai fatti.
....Ma.......... è sbagliato credere che l'indagine scientifica dei fenomeni naturali non permetta di apprezzare la bellezza della natura, ...anzi......... questa bellezza diviene quanto più evidente ai nostri occhi tanto più i fatti sono studiati e indagati.

Domande di lessico

Livello 1

11. Scrivi la parola che corrisponde alla definizione.

Esempio: Edificio adibito ad abitazione dell'uomo: casa................... (nome che inizia per c) Buttarsi, lanciarsi in acqua: ....tuffarsi....... (verbo che inizia per t)

Livello 2

12. Nelle frasi che seguono manca la stessa parola, usata con significati di volta in volta diversi. Scrivi la parola mancante nella casella corrispondente.
Esempio:

A. Al telegiornale hanno trasmesso un interessante .... sul tema del riciclo dei rifiuti Il .... da tè in mostra è decorato in oro.
Il .... di leva obbligatorio è stato abolito per legge.

Parola corretta: ..servizio..

B. Durante la prova d'orchestra, il direttore ci ha fatto fermare alla settima ....
Il professore ha fatto una .... che ha provocato molte risate nella classe.
Nel tennis, la .... deve essere eseguita dal giocatore fermo oltre la linea di fondo.

Parola corretta: battuta

Livello 3

13. Indica se la parola sottolineata nelle frasi che seguono è usata:

a) in senso informale (registro basso);
b) in senso neutro (registro standard);
c) in senso formale (registro elevato).

		Registro basso	Registro standard	Registro elevato
a.	Non capisci mai quello che dico! Cos'hai in quella <u>zucca</u> vuota?	X		
b.	Stamattina mi sono alzato con un gran mal di <u>testa</u>.		X	
c.	L'avvocato alzò fieramente il capo verso la corte e <u>principiò</u> la sua arringa.			X

Livello 4

Domanda di lessico relativa al testo A

14. Nel primo capoverso del testo, quale espressione è usata come sinonimo di acqua?

risorse idriche

Domande di Riflessione sulla lingua

Livello 1

15. Per ognuna delle seguenti situazioni comunicative indica quale tra le due frasi proposte è adatta al contesto.

A. Il tuo stendipanni si è rotto. Entri in negozio e chiedi:
☒ Buon giorno, vorrei uno stendipanni / ☐ Buon giorno, vorrei lo stendi panni.

B. La mattina hai ordinato al tuo fornaio di tenerti da parte la tua pizza preferita. A pranzo vai al forno e dici:
☒ Salve, sono venuto a ritirare la pizza / ☐ Salve, sono venuto a ritirare una pizza.

C. Nella vetrina di un negozio è esposto un solo vestito rosso. Entri e chiedi:
☒ Vorrei provare il vestito rosso che è in vetrina / ☐ Vorrei provare un vestito rosso che è in vetrina.

D. Vuoi trascorrere una serata con i tuoi amici. Telefoni a una pizzeria e dici:
☐ Buona sera, vorrei prenotare il tavolo per quattro persone / ☒ Buona sera, vorrei prenotare un tavolo per quattro persone.

Livello 2

16. Indica in quale delle seguenti coppie le due parole che le compongono sono formate da un verbo + un nome.

A. ☐ Doposcuola, soprabito
B. ☒ Colabrodo, apripista
C. ☐ Fermoposta, monopattino
D. ☐ Pescecane, cassapanca

Livello 3

17. Leggi la seguente frase.
"Maria ha ricevuto assieme a me il premio dell'amicizia."
Solo una delle seguenti affermazioni è vera. Quale?

A. ☐ Il soggetto si trova alla fine della frase
B. ☒ Il soggetto non compie l'azione
C. ☐ Il soggetto è sottinteso
D. ☐ Il soggetto è un pronome personale

Livello 4

18. Indica in quale dei seguenti periodi il pronome *ne* si riferisce a un'intera frase.

A. ☒ Ieri gli Azzurri hanno vinto sulla fortissima Spagna con quattro gol di scarto, e naturalmente ne parlano tutti.
B. ☐ Mio fratello ieri ha visto il film che ha vinto il festival di Berlino e me ne ha parlato molto bene.
C. ☐ Parla sempre di musica pop, ma secondo me non ne capisce proprio niente.
D. ☐ La professoressa dice che i libri della serie di Harry Potter sono molto divertenti, ma io non ne ho letto nessuno.

Livello 5

19. Per ognuna delle seguenti frasi indica se il verbo è alla forma attiva o passiva.

		Forma attiva	**Forma passiva**
a.	I miei genitori vanno spesso alla fiera del libro.	X	
b.	Mio fratello è convocato spesso per le partite in trasferta.		X
c.	Questi moduli vanno spediti entro la fine del mese.	X	
d.	Dalle Olimpiadi di italiano vengono esclusi gli alunni con un voto inferiore a sei.		X
e.	Luigi è salito sul treno all'ultimo momento.	X	
f.	Oggi pomeriggio vengono a trovarmi degli amici messicani.	X	

(Testi tratti e riadattati dal sito web www.invalsi.it)

Nelle pagine seguenti troverete due esempi di prove, forniti dall'Invalsi, composti da tre testi di diversa tipologia, una sezione dedicata al Lessico e una dedicata alla Riflessione sulla lingua.
Ogni quesito è commentato per aiutare gli studenti a familiarizzare con la prova. Nonostante le prove siano ormai *computer based*, per comodità le presentiamo di seguito in formato cartaceo.

Nella seguente sezione, dedicata alla comprensione della lingua, leggi attentamente i testi e poi rispondi alle domande.

TESTO A (testo non continuo)

DEMOGRAFIA. DOVE CI PORTERÀ L'AUMENTO DELLA POPOLAZIONE

Secondo l'UNFPA, l'agenzia internazionale dell'ONU per lo sviluppo, il 31 ottobre 2011 è nato l'abitante numero sette miliardi del nostro pianeta. Si tratta di una data simbolica. Non è possibile, infatti, misurare con precisione l'evolvere della popolazione mondiale momento per momento, non disponendo di statistiche affidabili su tutti i Paesi, in particolare quelli in via di sviluppo. Ad ogni modo, l'evento ha stimolato il dibattito sul futuro della popolazione mondiale e sollecitato quesiti come il seguente: nei prossimi decenni il nostro pianeta sarà capace di sfamare, vestire e riscaldare una popolazione ancora più numerosa che mira ad avere standard di vita sempre più elevati? Prima di azzardare una risposta, ripercorriamo brevemente l'evoluzione della popolazione mondiale. Nei primi millenni di storia dell'umanità la crescita demografica è stata molto lenta: il miliardesimo abitante nacque intorno al 1800 ma bastò solo un altro secolo per toccare quota due miliardi. Nel XX secolo, la crescita demografica è stata inizialmente ancora più rapida e all'inizio degli anni Sessanta la popolazione mondiale ha toccato il suo terzo miliardo. In seguito, ogni 12-13 anni si è avuto un aumento di un ulteriore miliardo, fino ai sette miliardi odierni.

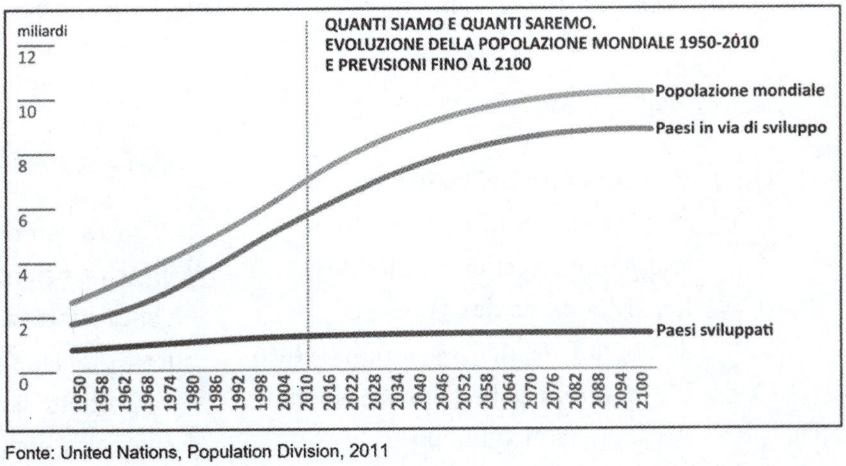

Fonte: United Nations, Population Division, 2011

Con l'aumentare della popolazione mondiale è ovviamente cresciuto anche il consumo di energia, ma con modalità ben differenti da un Paese all'altro, legate soprattutto al tenore di vita dei singoli contesti. Attraverso un indicatore come l'impronta ecologica, introdotto da Mathis Wackernagel, ambientalista fondatore dello *Human Footprint Institute*, è possibile valutare con approssimazione la sostenibilità del consumo di risorse naturali complessivo da parte di ogni singolo Paese. In sintesi, l'impronta ecologica misura di quanta superficie, in termini di terra e acqua, una popolazione ha bisogno per produrre, con la tecnologia disponibile, le risorse che consuma e per smaltire i rifiuti prodotti. Basandosi su questo indicatore, *l'Ecological Footprint Atlas 2010* sostiene che, a partire dalla metà degli anni Ottanta, l'umanità sta vivendo al di sopra dei propri mezzi rispetto all'ambiente e che attualmente la domanda annuale di risorse è superiore di un terzo a quanto la Terra riesce a generare ogni anno. Ad oggi, oltre l'80% della popolazione mondiale vive in Paesi che utilizzano più risorse rispetto a quelle disponibili all'interno dei loro confini. Tra questi abbiamo gli Usa, la Cina e l'India, quasi tutti gli stati europei, tutti i Paesi della sponda sud del Mediterraneo e del Medio Oriente. Molti Paesi (loro malgrado) "virtuosi" si trovano, invece, nell'Africa subsahariana e in Sudamerica, cui si aggiungono altre grandi nazioni come il Canada, l'Australia e la Russia, che, pur avendo adottato un modello di sviluppo tutt'altro che sostenibile, dispongono di immense risorse energetiche. Diamo un rapido sguardo alle tendenze che ci possiamo attendere nei prossimi decenni per la popolazione mondiale e i consumi energetici. Le previsioni demografiche variano a seconda delle diverse ipotesi sulla mortalità e soprattutto sulla natalità. Secondo la *United Nations Population Division* (vedi grafico), nel 2050 la popolazione mondiale dovrebbe attestarsi sui 9,3 miliardi. La crescita si concentrerà nei Paesi in via di sviluppo (Pvs), in particolare nel continente asiatico, mentre la popolazione dei Paesi a sviluppo avanzato dovrebbe mantenersi quasi stazionaria. Probabilmente gli abitanti del pianeta nel 2100 saranno più di 10 miliardi. La crescita demografica nella seconda metà del XXI secolo dovrebbe perciò rallentare notevolmente, soprattutto grazie alla graduale diminuzione delle nascite nei Pvs. Per quanto riguarda i consumi energetici, secondo l'*International Energy Agency*, nel 2010 si è avuta una crescita del 5% nella domanda globale di energia primaria. In base alle previsioni dell'Agenzia, tra il 2010 e il 2035 la domanda di energia crescerà di un terzo. Il 90% dell'incremento sarà determinato da Paesi non appartenenti all'OCSE (Organizzazione per la Cooperazione e lo Sviluppo Economico), cioè da Paesi in via di sviluppo la cui economia è attualmente in rapida crescita. In particolare la Cina, che è oggi il primo consumatore mondiale di energia ed è destinata in prospettiva a rafforzare il suo primato. Se ci si basa sulle tendenze attuali di crescita della popolazione e soprattutto dei consumi, il sovrasfruttamento ambientale sembra destinato inevitabilmente a inasprirsi nei prossimi decenni e la risposta alla domanda che ci siamo posti all'inizio non potrà che essere negativa.

A1. Qual è l'argomento del testo?

A. ☐ Le previsioni sull'andamento dei consumi energetici nel mondo

B. ☒ La sostenibilità della crescita demografica e dei consumi in futuro

C. ☐ L'evoluzione della popolazione nei Paesi in via di sviluppo

D. ☐ Il differente ritmo di sviluppo tra Paesi orientali e occidentali

1. AIUTO

Il testo propone una visione storica della crescita demografica, mettendola in relazione con l'effettiva capacità dell'ambiente di far fronte a tale ritmo di crescita: in questo senso è introdotto il concetto di "impronta ecologica" che getta ombre inquietanti sul presente e sul futuro. Quale risposta ti sembra più in linea con questa considerazione?

A2. Perché nel testo si afferma che il 31 ottobre 2011 è "una data simbolica"?

A. ☐ Perché in quella data è nato il miliardesimo abitante della Terra
B. ☐ Perché quella data ha segnato l'inizio di un dibattito sul futuro dell'umanità
C. ☒ Perché per convenzione è considerata come la data in cui la popolazione mondiale ha raggiunto i sette miliardi
D. ☐ Perché da quella data le risorse della Terra non sono state più sufficienti a nutrire tutti i suoi abitanti

2. AIUTO

Ricerca la data nelle prime righe del testo e poni attenzione all'aggettivo "simbolica": la risposta corretta viene esplicitata poco dopo.

A3. Osserva attentamente il grafico. La linea tratteggiata verticale ha la funzione di

A. ☐ segnalare il punto in cui la popolazione mondiale ha cominciato a crescere più delle risorse disponibili
B. ☒ separare i dati sull'evoluzione della popolazione mondiale dalle previsioni sulla sua crescita futura
C. ☐ rendere più leggibile la distanza che separa i Paesi sviluppati da quelli in via di sviluppo
D. ☐ mettere in evidenza il 2010 come l'anno di svolta nell'evoluzione della popolazione mondiale

3. AIUTO

Sotto l'immagine puoi leggere una data (2011): è l'anno in cui è stato pubblicato il grafico basato su una ricerca scientifica. La linea verticale parte dall'anno 2010 e sembra segnare un "prima" e un "dopo" rispetto al 2010 piuttosto che una data precisa.

A4. Basandoti sul grafico, rispondi alla seguente domanda: quali Paesi hanno contribuito maggiormente all'incremento demografico nel periodo dal 1950 al 2010?

quelli in via di sviluppo

....

4. AIUTO

Osserva attentamente il grafico nel periodo compreso tra il 1950 e il 2010: quali Paesi hanno contribuito maggiormente all'incremento demografico? Quelli sviluppati o quelli in via di sviluppo?

A5. Osserva il grafico e completa le due affermazioni che seguono, indicando ogni volta l'alternativa corretta tra le tre scritte in corsivo.

Dal 1950 al 2050 circa, la popolazione dei Paesi più sviluppati tende a ☐ *aumentare* / ☒ *restare stabile* / ☐ *diminuire*; nonostante ciò, la popolazione mondiale registra un ☐ *lieve incremento* / ☐ *decremento* / ☒ *forte incremento*

5. AIUTO

Osserva il grafico concentrandoti sui Paesi più sviluppati e successivamente sull'intera popolazione mondiale. Non prendere in considerazione i Paesi in via di sviluppo.

A6. L'aggettivo "ulteriore", usato nel testo in riferimento a "miliardo", significa

A. ☒ altro
B. ☐ successivo
C. ☐ intero
D. ☐ ultimo

6. AIUTO

L'espressione "ulteriore miliardo" si trova nella prima parte del testo, proprio a ridosso del grafico. Rileggi attentamente il periodo in cui è inserita e troverai facilmente la risposta esatta.

A7. Il testo lega al fenomeno dell'aumento della popolazione un altro fenomeno. Quale?

A. ☐ Il miglioramento del tenore di vita
B. ☐ La diminuzione della mortalità
C. ☐ La disuguaglianza tra i diversi Paesi
D. ☒ L'incremento dei consumi di energia

7. AIUTO

Il testo si occupa di disuguaglianza tra diversi Paesi e miglioramento del tenore di vita, ma in modo subordinato rispetto a un altro aspetto molto importante che caratterizza lo sviluppo delle società moderne: quale?

A8. Osserva questa immagine e poi completa il testo che segue utilizzando le parole elencate sotto (fai attenzione: due sono in più).

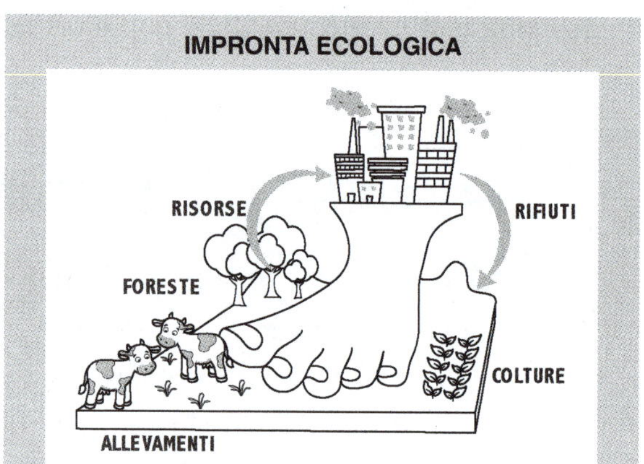

8. AIUTO

Il quesito richiede di completare il testo con 8 parole, ma suggerisce 10 possibili inserimenti. Completa ponendo attenzione ai due "intrusi" e poi rileggi attentamente per verificare la coerenza rispetto al testo.

ambiente, esemplare, dimensione, impatto, letterale, metaforico, popolazione, sfruttamento, risorse, squilibrio

La parola "impronta", nell'espressione "impronta ecologica", è usata in senso ....metaforico.... ; l'immagine invece corrisponde al suo significato ....letterale.... . L'impronta è infatti quella che il piede dell'uomo incide sul territorio e allude all'....impatto.... da questi esercitato sull'....ambiente.... . La sproporzione tra la ....dimensione.... del piede e l'area calpestata rappresenta lo ....squilibrio.... tra ....risorse.... e ....popolazione.... .

Tratto da www.invalsi.it

A9. In base al testo, indica quali elementi vengono considerati per calcolare l'impronta ecologica in un dato territorio.

9. AIUTO

La domanda si focalizza su un concetto ben preciso, quello del calcolo dell'impronta ecologica. Ricerca nel testo la parte in cui si descrive il concetto di impronta ecologica.

	Sì	No
a. Area del territorio	X	
b. Caratteristiche climatiche		X
c. Consumo di risorse	X	
d. Sviluppo tecnologico	X	
e. Trattamento dei rifiuti	X	
f. Mortalità infantile		X

A10. La frase introdotta da "sostiene che…", evidenziata nel testo, esprime

A. ☐ una convinzione soggettiva
B. ☒ un'affermazione fondata su dati
C. ☐ un'ipotesi da verificare
D. ☐ un'idea condivisa da molte persone

10. AIUTO

Rintraccia l'espressione nel testo e poi rileggi l'intero periodo che comincia con "Basandosi su questo indicatore...": ti sarà chiara la risposta corretta.

A11. Quale delle seguenti espressioni <u>non</u> può sostituire "pur avendo adottato …" (evidenziata nel testo)?

A. ☐ Sebbene abbiano adottato
B. ☐ Benché abbiano adottato
C. ☐ Nonostante abbiano adottato
D. ☒ Purché abbiano adottato

11. AIUTO

La proposizione che comincia con "pur avendo adottato ..." è una concessiva implicita e tre delle quattro possibili risposte cominciano con una congiunzione di tipo concessivo e sono quindi tutte simili tra di loro: solo una non è di tipo concessivo. Quale?

A12. Nel testo si dice che molti Paesi dell'Africa subsahariana e del Sudamerica sono virtuosi loro malgrado. Ciò vuol dire che sono virtuosi

A. ☐ a loro piacimento
B. ☐ contro il loro stesso interesse
C. ☐ per loro responsabilità
D. ☒ indipendentemente dalla loro volontà

12. AIUTO

Ricerca l'affermazione nel testo. Cosa significa "loro malgrado"? Questi Paesi sono virtuosi perché non consumano più risorse di quanto ne siano disponibili nei loro territori. Si tratta di paesi ricchi?

Tratto da www.invalsi.it

TESTO B (testo narrativo)

L'INSERZIONISTA

L'idea gli era venuta un giorno quasi per caso. A chi mai avrebbe lasciato la sua collezione di francobolli messa insieme con tanta pazienza nel corso di una vita? Non aveva moglie né figli né fratelli, a cui consegnare in eredità quel prezioso album. Tanto valeva, ormai che era vecchio, disfarsene e realizzare un po' di soldi. Però dai negozianti, che per anni aveva frequentato come compratore, si vergognava adesso di entrare. Non desiderava sembrare in vendita. Perché non ricorrere alle colonne di un quotidiano, che meglio di tutti garantiva l'anonimato? «Filatelico anziano cede raccolta commemorativi europei. Telefonare ore pasti...» Se n'era quasi dimenticato quando, una settimana più tardi, intorno a mezzogiorno squillò il telefono. Ascoltando quel trillo improvviso, fu colto da una strana euforia, rispose quasi con allegria alla voce sconosciuta. «Sì, sono io che ho fatto l'annuncio! Dica pure.» «Guardi, io il prezzo non l'ho ancora fissato» disse lui cercando di prendere tempo. «Mi lasci il Suo numero e La richiamerò.» Tornò a tavola, ma il suo pasto solitario fu di nuovo interrotto da una seconda chiamata. «Pronto, sì, buongiorno» rispose questa volta con maggiore scioltezza. Certo non avrebbe mai pensato che tanta gente potesse interessarsi a lui, ma più si facevano vivi i compratori interessati, e più lui capiva di non avere nessuna intenzione di vendere. Il piacere consisteva semmai nel sentirsi richiesto, nella breve trattativa che ne seguiva, e soprattutto in quei trilli prolungati che scuotevano il silenzio di quelle stanze. In capo a pochi giorni, purtroppo, gli appelli si diradarono fino a spegnersi del tutto. Se la collezione di francobolli non aveva trovato un acquirente era solo perché lui aveva indugiato, dilettandosi a chiacchierare anziché contrattare il valore della merce. Quelle persone senza volto erano uscite dalla sua vita senza lasciare traccia, come se non fossero mai esistite, indifferenti alla sua sorte com'erano stati un tempo i colleghi d'ufficio. Una mattina, mentre su una panchina del giardino comunale sfogliava i titoli del giornale, quasi assente e sovrapensiero, l'occhio gli cadde sulle colonne fitte di annunci economici. Certo, quando avesse voluto, con una modica spesa avrebbe potuto ritentare l'esperimento, riallacciare il dialogo con tante voci ignote, ma adesso era prematuro, lo avrebbero riconosciuto e mandato al diavolo insieme alla sua collezione. Ci pensò qualche giorno e poi formulò una nuova inserzione, imitando un linguaggio di cui cominciava ad apprezzare le sfumature. «BMW seminuova accessoriata cedo affarone.» Ecco, con poche centinaia di lire a parola, adesso possedeva anche una macchina. Il primo fu un giovanotto sbrigativo, pronto ad acquistare la vettura in giornata. «Mi dica quanto vuole, le dò i soldi sull'unghia...» «Mi spiace, l'ho venduta mezz'ora fa.» Volevano sapere, chiedevano dettagli, anno di immatricolazione, numero di chilometri, anche se non potevano più comperarla, e lui era felice di accontentarli, condividendo alla fine il loro rincrescimento. «Sarà per un'altra volta» finiva per congedarsi. Quasi non usciva più di casa, nemmeno per la solita passeggiata ai giardini, nel timore che suonasse a vuoto il telefono. Chi proponeva scambi, compensi, dilazioni. Chi era laconico e chi era ciarliero. Chi si spazientiva e chi si rassegnava. Mai nella sua vita aveva avuto a disposizione un campionario di umanità così ricco, e la possibilità di influenzarne per breve tempo gli umori. Ogni volta, la sensazione era di possedere davvero quei beni, e di poterne disporre a suo piacimento. Ora per nulla al mondo avrebbe rinunciato al colloquio con le voci sconosciute, al piacere di tenere in pugno i loro desideri, le loro vanità, i loro capricci. Quelle pareti che avevano ascoltato solo i rintocchi della pendola in anticamera, ora assorbivano fiumi di parole, e persino sussurri, imprecazioni, qualche risata. Quel telefono che era stato muto per anni, suonava come impazzito. Udendo squillare incessantemente il suo telefono, gli inquilini delle porte accanto dovevano essersi convinti che egli avesse inaugurato un'attività commerciale, poiché lo squadravano, incontrandolo, con grande curiosità. Del resto anche il suo aspetto fisico era cambiato, e qualche timido sorriso gli distendeva la faccia incupita. Ma fu una serenità di breve durata. La polizia lo trovò, chiamata dai vicini di casa allarmati dal lungo silenzio, senza vita, armadi e cassetti sottosopra. La sua ultima inserzione era stata: «Vendo brillante inestimabile valore…»

B1. In base al testo, un "inserzionista" è chi

A. ☐ tratta affari per telefono
B. ☒ fa annunci economici sui giornali
C. ☐ crea pubblicità per i giornali
D. ☐ pubblica sui quotidiani informazioni a pagamento

1. AIUTO

Un paio di domande potrebbero esserti utili. Dove è pubblicata la prima inserzione? In generale un inserzionista vuole vendere o informare?

B2. Il protagonista non ricorre ai negozianti per vendere la sua collezione perché

A. ☐ si sente superiore a loro
B. ☒ lo ritiene poco dignitoso
C. ☐ vuole ricavare più soldi
D. ☐ si fida poco di loro

2. AIUTO

Nel testo si dice chiaramente che i negozianti erano quelli per i quali egli era stato un compratore e perciò lo conoscevano bene, pertanto si vergogna perché non vuole apparire "in vendita".

B3. La parola "colonne" evidenziata nel testo indica

A. ☒ le pagine centrali dei quotidiani
B. ☐ le bacheche in cui si affiggono gli avvisi
C. ☐ i caratteri a stampa più grandi ed evidenti
D. ☒ le suddivisioni verticali delle pagine

3. AIUTO

Il termine "colonne" è posto tra virgolette: cosa può significare? Pensa alla pagina di un quotidiano: come viene suddiviso lo spazio di stampa?

B4. L'espressione "garantiva l'anonimato", evidenziata nel testo, significa

A. ☐ assicurava un guadagno al netto delle tasse
B. ☐ metteva in contatto con molti compratori sconosciuti
C. ☒ permetteva di non rivelare la propria identità
D. ☐ permetteva di concludere in fretta la trattativa

4. AIUTO

L'inserzionista desidera rimanere anonimo? Cosa significa?

B5. "... più si facevano vivi i compratori interessati, e più lui capiva di non avere nessuna intenzione di vendere". Perché il protagonista si comporta così?

A. ☐ Era affezionato alla sua raccolta e gli dispiaceva separarsene

B. ☐ Pensava che i compratori non apprezzassero abbastanza la sua collezione

C. ☒ Gli faceva piacere essere chiamato al telefono e sentirsi cercato

D. ☐ Voleva prolungare il più possibile la trattativa per trovare il miglior offerente

5. AIUTO

Nella parte iniziale del testo si accenna al fatto che l'inserzionista non ha nessuno a cui lasciare la sua preziosa collezione: si tratta evidentemente di un anziano solo che passa le sue giornate nel silenzio e nella noia.

B6. La parola "anziché", evidenziata nel testo, può essere sostituita da

A. ☒ invece di

B. ☐ per

C. ☐ prima di

D. ☐ allo scopo di

6. AIUTO

Prova a sostituire "anziché" con ognuna delle parole suggerite e poi rileggi l'intero periodo per verificarne il significato complessivo rispetto al testo originale.

B7. Qual è il vero motivo per cui il protagonista non vende la sua collezione di francobolli?

A. ☐ Nessuno gli telefona più per comperarla

B. ☐ Ha messo in vendita altri oggetti

C. ☐ Ha deciso di non venderla più

D. ☒ Il suo obiettivo non è più quello di vendere

7. AIUTO

Inizialmente l'inserzionista è animato dalla volontà di vendere la sua collezione ma poi qualcosa in lui cambia: qualcosa lo interessa di più della vendita.

B8. L'espressione "Quelle persone senza volto" (evidenziata nel testo) a chi si riferisce?

ai compratori
sconosciuti

0 di 4 parole massimo

8. AIUTO

Si parla di "persone senza volto" perché l'inserzionista non le aveva mai viste di persona: di chi si tratta? Attenzione a non superare il limite massimo di quattro parole.

B9. Dalle frasi del testo evidenziate si capisce che il protagonista

A. ☐ rimpiange di aver rotto i rapporti con i colleghi di lavoro

9. AIUTO

Le persone "senza volto" sono assimilate ai colleghi di lavoro di un tempo. Si dice che essi si erano mostrati indifferenti al destino (sorte) dell'inserzionista.

B. ☒ anche nella vita lavorativa era stato un uomo solo
C. ☐ era stato indifferente verso le persone con cui lavorava
D. ☐ aveva avuto rapporti conflittuali con i colleghi di lavoro

---

B10. Nel formulare il secondo annuncio il protagonista imita "un linguaggio di cui cominciava ad apprezzare le sfumature". Quali caratteristiche contraddistinguono la prima inserzione e la seconda?

10. AIUTO

Rileggi con attenzione i brevi testi delle due inserzioni: la prima è quella che comincia con le parole "anziano filatelico....", mentre la seconda inizia con la parola "BMW...". Concentrati sulle varie affermazioni, confrontandole una per volta con i testi delle due inserzioni.

	Prima inserzione	Seconda inserzione
a. È scritta in prima persona	X	X
b. Contiene informazioni non necessarie sull'inserzionista	X	
c. È più sintetica ed efficace		X
d. Contiene informazioni dirette a invogliare l'acquirente		X
e. Mette in primo piano il venditore	X	
f. Mette in primo piano l'oggetto		X
g. Occuperà uno dei primi posti nell'elenco alfabetico delle inserzioni		X

B11. Nel cambiamento che si verifica nella vita del protagonista, che cosa gli dà particolarmente soddisfazione? Scegli e trascina dal testo una frase significativa che risponda a questa domanda.

....
....
....
....
....
....
....

11. AIUTO

Dopo la pubblicazione della prima inserzione la vita dell'inserzionista cambia in meglio. Cosa gli dà più soddisfazione? Nel testo sono presenti numerose frasi che testimoniano tale soddisfazione dell'inserzionista: riportane almeno una significativa. Attenzione a non superare il limite massimo di trenta parole.

....

....

....

....

....

....

....

....

0 di 30 parole massimo

B12. Con quale fatto si conclude la vicenda raccontata?

lui muore

....

....

....

0 di 4 parole massimo

12. AIUTO

La felicità dell'inserzionista ha breve durata. Dopo l'ultimo annuncio, l'uomo viene ritrovato dalla polizia mentre la sua casa è stata messa a soqquadro. Cosa ne è stato di lui? Non viene detto esplicitamente ma la sua fine si può facilmente intuire. Attenzione a non superare il limite massimo di quattro parole.

TESTO C (testo espositivo)

UN FUTURO A IDROGENO SENZA CO2

L'idrogeno non può essere considerato una fonte primaria di energia, in quanto non esistono giacimenti di idrogeno, ma è un "vettore energetico", ovvero è un buon sistema per accumulare e trasportare energia.

L'idrogeno è un vettore ideale per un sistema energetico "sostenibile", in quanto:

- può essere prodotto da una pluralità di fonti, sia fossili che rinnovabili, tra loro intercambiabili e disponibili su larga scala per le generazioni future;
- può essere impiegato per applicazioni diversificate, dal trasporto alla generazione di energia elettrica, con un impatto ambientale nullo o estremamente ridotto sia a livello locale che globale.

Accanto ai vantaggi, l'introduzione dell'idrogeno presenta ancora numerosi problemi connessi allo sviluppo delle tecnologie necessarie per rendere il suo impiego economico e affidabile. Lo sviluppo di tali tecnologie è oggi al centro dei programmi di ricerca di numerosi paesi.

Uno dei problemi più critici è sicuramente quello della produzione; in prospettiva l'idrogeno si potrà ottenere dall'acqua, a emissioni zero, utilizzando le energie rinnovabili; oggi la soluzione più vicina è rappresentata dai combustibili fossili (estrazione dell'idrogeno a partire da carbone, petrolio e gas naturale) ma il problema da risolvere, in questo caso, è quello della separazione e del confinamento della CO2 prodotta insieme all'idrogeno.

L'idrogeno può essere utilizzato:

- nei motori a combustione interna. L'idrogeno è un eccellente combustibile e può essere bruciato in un normale motore a combustione interna come accade in alcuni modelli di auto già commercializzati. I rendimenti sono elevati e le emissioni si riducono a vapore acqueo e pochissimi ossidi di azoto;
- nelle celle a combustibile H. Sono sistemi elettrochimici capaci di convertire l'energia chimica di un combustibile direttamente in energia elettrica con un rendimento nettamente superiore a quello degli impianti convenzionali e senza emissioni di CO2. Le celle a combustibile sono una soluzione già adottata da molte case automobilistiche per la costruzione di prototipi elettrici alimentati a idrogeno. Un'automobile a celle di combustibile produce a bordo l'elettricità necessaria al suo funzionamento, senza emissioni nocive;
- nelle centrali termoelettriche a idrogeno. I programmi di ricerca e sviluppo della tecnologia consentiranno di costruire impianti che utilizzeranno l'idrogeno per la generazione centralizzata di energia elettrica. Questi impianti, abbinati a un sistema di separazione e di confinamento della CO2, ad esempio in giacimenti esauriti di petrolio o di metano, permetteranno la produzione di elettricità con un alto rendimento e senza rilascio di anidride carbonica.

Tratto da www.invalsi.it

Prova 2

C1. Che cosa significa che un sistema energetico è "sostenibile"?

A. ☐ Produce energia facilmente trasportabile
B. ☒ Non ha un impatto negativo sull'ambiente
C. ☐ Produce energia a prezzi molto bassi
D. ☐ Le scorie si possono riciclare per altri usi

1. AIUTO

Ti potrebbe essere utile ragionare sul fatto che due sinonimi dell'aggettivo "sostenibile" sono "sopportabile" o anche "tollerabile".

C2. Basandoti sul testo, indica quali delle seguenti affermazioni sull'idrogeno sono vere e quali false.

2. AIUTO

Rileggi con attenzione il testo, soffermandoti di volta in volta sui singoli aspetti richiesti dalle domande. Ad esempio, dove si parla di anidride carbonica? Cosa si dice a proposito?

	Vero	**Falso**
a. È un mezzo per trasportare energia	X	
b. Attualmente la sua produzione comporta anche la produzione di anidride carbonica	X	
c. Si può produrre in unico modo		X
d. È combustibile ma brucia con difficoltà		X
e. Può essere usato per diversi scopi	X	
f. In futuro potrà essere prodotto da fonti rinnovabili	X	
g. La tecnologia per produrlo e utilizzarlo in modo sicuro ed economico è altamente sviluppata		X

C3. Oggi l'idrogeno può essere ottenuto

A. ☐ dall'acqua
B. ☐ dal vapore
C. ☐ dall'energia elettrica
D. ☒ dai combustibili fossili

3. AIUTO

La domanda pone l'attenzione sul presente e sulle modalità di produzione dell'idrogeno. In prospettiva l'idrogeno potrà essere prodotto dall'acqua ma oggi la soluzione più immediata, ma anche problematica, è un'altra. Quale? Ricerca l'informazione nel testo.

C4. L'impiego dell'idrogeno per le auto può avvenire in due modi. Indica quali, completando le frasi seguenti.

A. L'idrogeno può essere usato nei .... direttamente come ....

B. L'idrogeno può essere usato nelle .... per trasformare l'energia .... in energia ....

4. AIUTO

Ricerca nel testo la parte in cui si parla dei motori a combustione interna e celle a combustibile H, poi completa le frasi con le parti mancanti.

C5. Trova nella parte di testo evidenziata il termine che corrisponde a questa definizione: *primo esemplare che serve da modello per la realizzazione successiva di prodotti in serie* e riportalo nello spazio sottostante.

Risposta: ....

5. AIUTO

Leggi con attenzione la parte di testo evidenziata. Si parla di soluzioni adottate dalle case costruttrici: cosa producono?

C6. L'uso dell'idrogeno per le auto è conveniente perché

A. ☒ ha una resa elevata e non inquina l'aria

B. ☐ prolunga la vita dei motori

C. ☐ permette di raggiungere velocità più elevate

D. ☐ assicura percorrenze più lunghe con minori consumi

6. AIUTO

La risposta si trova con facilità nella parte di testo in cui si parla dei motori a combustione interna e dei vantaggi dell'utilizzo dell'idrogeno.

C7. Una delle soluzioni proposte per il problema del rilascio di CO2 nella produzione di idrogeno è di

A. ☐ bruciarla in ambiente protetto nel momento stesso in cui viene generata

B. ☐ trasformarla in vapore acqueo

C. ☒ imprigionarla in giacimenti di combustibili fossili abbandonati

D. ☐ disperderla nell'atmosfera

7. AIUTO

La CO2 è un gas nocivo se disperso in grandi quantità nell'ambiente. La soluzione prospettata si trova nella parte finale del testo.

C8. Lo scopo principale del testo che hai letto è

A. ☐ mettere in guardia sui numerosi problemi non risolti legati all'uso dell'idrogeno

B. ☒ informare sulle caratteristiche e sull'uso dell'idrogeno come nuova fonte di energia

C. ☐ illustrare i vantaggi economici dell'uso dell'idrogeno per l'industria automobilistica

D. ☐ riportare le diverse e contrastanti posizioni nel mondo scientifico sul futuro uso dell'idrogeno

8. AIUTO

La risposta 3 induce a considerare un solo aspetto dell'utilizzo dell'idrogeno (industria automobilistica), mentre la risposta 4 parla di diverse e contrastanti posizioni sul futuro uso dell'idrogeno. In realtà non emergono molte voci contrastanti e inoltre si parla anche di presente e non solamente di futuro. Quale risposta risulta corretta?

LESSICO

Nelle schermate che seguono troverai alcune domande di Lessico. Leggi attentamente ogni domanda e rispondi seguendo le istruzioni.

D1. Scrivi la parola che corrisponde alla definizione.

Edificio adibito ad abitazione dell'uomo: ....casa........ (nome che inizia per c)

Gioioso, contento, felice: ....allegra.... (aggettivo che inizia per a)

1. AIUTO

Nel primo caso si tratta di un nome assai comune di frequente utilizzo, non ti sarà difficile rintracciarlo. Nel secondo caso bisogna ricercare un aggettivo sinonimo di felice, contento, gioioso. Una persona felice è sempre anche a...

D2. Scegli fra le quattro alternative proposte quella che completa la parola o la frase riportata di seguito (forma cioè una "collocazione lessicale").

Dilazionare...

A. ☐ un argomento

B. ☒ un pagamento

C. ☐ una fessura

D. ☐ una spia

2. AIUTO

Si tratta di completare la voce verbale "dilazionare" con la parola che la completa meglio. Ti può essere d'aiuto sapere che "dilazionare" significa "suddividere nel tempo".

D3. Nelle frasi che seguono manca la stessa parola, usata con significati di volta in volta diversi. Scrivi la parola mancante nella casella corrispondente.

Al telegiornale hanno trasmesso un interessante .... sul tema del riciclo dei rifiuti.

Il .... da tè in mostra è decorato in oro.

Il .... di leva obbligatorio è stato abolito per legge.

Parola corretta: ....servizio....

3. AIUTO

Esistono parole che assumono significati molto differenti a seconda del contesto in cui sono inserite. Concentrati, ad esempio, sulle prime due frasi: la prima parla di telegiornale, la seconda di oggetti legati al tè. La parola in questione è un nome e comincia con la lettera "s".

D4. Indica se la parola sottolineata nelle frasi che seguono è usata:

a) in senso specialistico, come termine o concetto all'interno di una disciplina;

b) in senso metaforico (figurato);

c) in senso proprio nel linguaggio comune.

4. AIUTO

Nel linguaggio corrente la parola altezza è utilizzata per delineare la statura di un uomo o di una donna, mentre nel linguaggio specifico della geometria indica la misura, ad esempio di un poligono; in entrambi i casi si tratta di una misura quantificabile. Invece nella prima frase (in riferimento al discorso dell'oratore) non è così: la parola "altezza" non è intesa in senso letterale.

Scegli un'alternativa per ogni riga.

	Senso specialistico	Senso metaforico	Senso comune
a. L'oratore ha portato il discorso a un'altezza inattesa		X	
b. La mia altezza è rimasta la stessa da tre anni a questa parte			X
c. L'altezza del poligono serve per calcolare la sua area	X		

D5. Indica se la parola sottolineata nelle frasi che seguono è usata:
a) in senso informale (registro basso);
b) in senso neutro (registro standard);
c) in senso formale (registro elevato)

Scegli un'alternativa per ogni riga.

	Registro basso	Registro standard	Registro elevato
a. Cadendo, il vaso si è rotto in mille pezzi.		X	
b. La selce è una roccia sedimentaria che si frantuma con notevole facilità.			X
c. Ti ho detto che non ti presto la mia auto! Stordito come sei me la fracassi di sicuro!	X		

5. AIUTO

Il registro standard è quello che si utilizza più frequentemente nella comunicazione, mentre quello elevato è tipico di contesti formali o molto settoriali. Il registro basso si caratterizza per l'uso di termini molto colloquiali, spesso al limite della correttezza.

D6. Nella frase che segue, tratta da scritti di studenti, la parola in grassetto non è quella corretta, anche se le assomiglia. Scrivi la parola che ha un suono simile a quella errata ed è appropriata rispetto al contesto della frase.

È stato il momento più **memoriale** ....memorabile.................. della mia vita!

6. AIUTO

La parola in grassetto non è corretta e va sostituita con un aggettivo. Chi parla descrive con entusiasmo un momento unico della propria vita, un momento degno di essere ricordato, di rimanere nella memoria.

RIFLESSIONE SULLA LINGUA

Nelle schermate che seguono troverai alcune domande di Riflessione sulla lingua. Leggi attentamente ogni domanda e rispondi seguendo le istruzioni.

E1. Nella frase "Secondo una prima ricostruzione, il ladro sarebbe entrato da una finestra sul retro", il verbo indica:

A. ☐ un'azione certa
B. ☐ un'azione futura
C. ☐ un'azione improbabile
D. ☒ un'azione possibile

1. AIUTO

La ricostruzione di un avvenimento (in questo caso un furto) è un'azione svolta dopo che il fatto è avvenuto: una prima ricostruzione è quindi un primo tentativo di raccontare come potrebbero essere andate le cose. Il verbo al condizionale (sarebbe entrato), cosa ti fa pensare?

E2. "<u>Raggiunta la cima</u>, il gruppo degli alpinisti decise di trascorrere la notte nel rifugio". La frase sottolineata è:

A. ☐ consecutiva
B. ☒ temporale
C. ☐ finale
D. ☐ concessiva

2. AIUTO

Quando gli alpinisti decidono di trascorrere la notte nel rifugio? Prova a rendere esplicita la forma verbale della proposizione sottolineata: come diventerebbe la frase?

E3. Indica in quali dei seguenti aggettivi "in-" è un prefisso con valore negativo e in quali non lo è.

3. AIUTO

Ricorda due cose apparentemente banali: la prima è che "in" è un prefisso e che pertanto si mette prima di una parola già esistente. La seconda è che "in" attribuisce un valore negativo (spesso contrario) a parole che normalmente non lo sono.

	in- è un prefisso con valore negativo	in- <u>non</u> è un prefisso con valore negativo
a. indeciso	X	
b. intenso		X
c. innamorato		X
d. interno		X
e. incapace	X	
f. integrale		X
g. incivile	X	
h. insolubile	X	

E4. In quale delle seguenti frasi è presente una espressione polirematica (cioè un gruppo di più parole con un significato unitario: es. *fuori stagione, botta e risposta*)?

A. ☒ Quella ragazza ha un viso acqua e sapone
B. ☐ Per la cena di stasera mancano pane e vino
C. ☐ Nella fattoria razzolavano liberamente galli e galline
D. ☐ Sbuccia la frutta con forchetta e coltello!

4. AIUTO

Acqua e sapone, pane e vino, galli e galline, forchetta e coltello: una sola di queste coppie di parole ha un senso figurato (cioè non letterale) all'interno della frase in cui è inserita. Quale?

E5. "Luca mi ha chiesto <u>quando arriverà l'aereo da Milano</u>".
La frase sottolineata è:

A. ☐ soggettiva
B. ☐ oggettiva esplicita
C. ☐ temporale
D. ☒ interrogativa indiretta

5. AIUTO

Un paio di considerazioni potrebbero esserti utili. La prima: se si trattasse di una soggettiva, nella principale non ci sarebbe un soggetto. La seconda: il verbo della proposizione principale (mi "ha chiesto") quale tipo di subordinata potrebbe introdurre?

E6. Completa nel modo corretto le parole incomplete.

A. Maria è una nuotatrice ecce..zio..nale.

B. Aveva la cos..sce..enza sporca perché sapeva di aver mentito.

C. Lavarsi le mani prima di mangiare è una buona regola i..gi..enica.

D. Questo cane è del tutto inno..cu..o : abbaia ma non morde.

E. Il preside non ha concesso l'assemblea: dice che è ille....g..ittima.

6. AIUTO

Ricordi le regole per scrivere le parole in modo corretto? Concentrati in particolare sulle regole dei gruppi zio/zia, sce/scie, ge/gie, cuo/quo, e quelle sull'uso delle consonanti.

E7. Leggi la seguente frase:

"In una <u>famosissima</u> opera letteraria si racconta che i due <u>protagonisti</u> furono minacciati di morte da bande di <u>soldatacci</u> al soldo di un potente signorotto del luogo".

Se tu non conoscessi il significato delle parole sottolineate, quali voci andresti a cercare nel dizionario? Scrivile.

A. (famosissima) ....famoso........

B. (protagonisti) ....protagonista....

C. (soldatacci) ....soldato......

7. AIUTO

Ricordi come si ricostruisce la forma "base" di una parola da ricercare sul dizionario? Nel primo e nel terzo caso è necessario togliere alla parola il suffisso, mentre il secondo caso è di facile soluzione.

Il mio risultato:

Prova di comprensione del testo A	12/12
Prova di comprensione del testo B	10/12
Prova di comprensione del testo C	5/8
Lessico	6/6
Prova sulle conoscenze grammaticali	6/7
Punteggio totale	40/45

Ho trovato la prova:

☐ Difficile
☐ Più semplice di quanto pensassi
☐ Adeguata alle mie aspettative e capacità
☐ Altro ....

12+ 18+ 22= 39

TESTO A (testo espositivo)

Questo testo è tratto da un articolo sul Giappone del CORRIERE DELLA SERA

Pochi Paesi al mondo sono cambiati tanto, esteriormente, e sono rimasti tanto eguali a se stessi, come il Giappone nel corso di questo secolo. Tokio, la capitale, è stata rasa al suolo tre volte (nel 1923 dal terremoto, nel 1945 dai bombardamenti americani, ora dalla modernizzazione); tre volte è stata ricostruita, ma i suoi abitanti, pur perdendo i loro punti di riferimento fisici, non hanno perso quelli spirituali che fanno di un giapponese un giapponese, cioè un essere umano che si crede completamente diverso dal resto dell'umanità. I giapponesi erano così all'inizio del secolo quando vivevano in case di legno e di carta, lo sono ora che vivono in elettronizzati cubicoli di cemento. Neppure un'esperienza traumatica come la bomba atomica e la sconfitta nella Seconda Guerra Mondiale riuscì ad intaccare la coscienza giapponese. In questo continuo processo di mutamento e conservazione le ricorrenti cerimonie imperiali, con tutta la mistica e la misteriosità dei loro riti, hanno un ruolo importantissimo; ricordano al giapponese la sua natura divina. Il matrimonio del principe ereditario Naruhito con la sua Masako Owada, fra i suoi tanti messaggi, ha soprattutto questo, perché dietro tutte le montagne di baggianate che scrivono e scriveranno i giornali sull'argomento, dietro le ore di tv che gli verranno dedicate e dietro la marea di monete d'oro, di francobolli e T-shirt prodotti per l'occasione, al giapponese medio resterà il ricordo di quel che non riuscirà a vedere, ma di quel che sa avvenire nei recessi del palazzo imperiale, nel corso di riti segreti di cui conosce l'esistenza, che sa legati alla leggenda e da cui la modernità è tenuta lontana. Nuda, davanti allo specchio dell'altare shintoista a palazzo, la sposa verrà spolverata da un sacerdote con una scopa dal lungo manico di legno e dalle strisce di carta bianchissima. È il rito della "purificazione" prima di unirsi alla divinità. Perché l'imperatore discende dalla dea del Sole e così i giapponesi: i soli al mondo. È il messaggio che viene da ogni cerimonia imperiale. Negli ultimi anni ce ne sono state varie e ognuna di esse è stata l'occasione per riaffermare la diversità, l'unicità dei giapponesi, la fonte di quella forza giapponese che molti, specie in Asia, vedono ancora come una minaccia. Con ogni rito si è come riannaffiato il seme della coscienza collettiva giapponese che a volte sembra soffocato nella terra arida del Giappone dei transistor. Il Giappone dentro non cambia. Solo due mesi fa la Corte Suprema ha di nuovo dato ragione ai burocrati del ministero della Pubblica istruzione che non vogliono vedere scritta nei libri di testo per le scuole la vera storia della Seconda Guerra Mondiale e non vogliono alcun riferimento alle atrocità ed ai massacri commessi dai giapponesi. È passato già mezzo secolo da quella storia, una terza generazione imperiale viene alla ribalta, il Giappone è esternamente cambiato radicalmente, ma dentro resta lo stesso. A suo modo la ragazza non di sangue reale, ma semplicemente di buona famiglia che sposa il futuro imperatore è il simbolo di questa contraddizione. Esternamente è "moderna", parla varie lingue, ha studiato all'estero ed aveva persino intrapreso una carriera, quella diplomatica, ma in qualche modo anche lei ha risposto alla chiamata del Giappone interno. Il principe non la interessava, la vita di corte tanto meno, ma alla fine i funzionari vestali della casa imperiale, custodi del mito e della tradizione hanno prevalso costringendola a sposarsi, come tutti i giapponesi sanno, "non per amore, ma per dovere". Un dovere che viene così di nuovo, spettacolarmente, ricordato a tutti: il dovere di essere giapponesi.

A1. Quale delle frasi seguenti sintetizza meglio il contenuto del primo paragrafo del testo (evidenziato)?

A. ☐ Nel corso dell'ultimo secolo Tokio è stata rasa al suolo e ricostruita tre volte
B. ☒ I giapponesi hanno un forte senso dei propri valori e della loro diversità dagli altri popoli
C. ☐ La bomba atomica e la sconfitta nella Seconda Guerra Mondiale sono state esperienze traumatiche per i Giapponesi
D. ☐ I giapponesi oggigiorno non vivono più in case di legno e di carta, ma in moderne case di cemento

1. AIUTO

Rileggi con attenzione il primo paragrafo; alcune affermazioni vanno scartate perché sono false, altre, pur essendo corrette, non sintetizzano il contenuto del paragrafo.

A2. In quale epoca sono accaduti gli avvenimenti di cui si parla nel primo paragrafo del testo?

A. ☐ Nel nostro secolo
B. ☐ Nel XIX secolo
C. ☒ Nel secolo scorso
D. ☐ Nel XXI secolo

2. AIUTO

Nel testo ci sono due date precise. Devi ragionare su quale sia il secolo a cui appartengono tali date. Ripensa a come si calcolano i secoli rispetto alle date (es. il 1492 appartiene al XV secolo).

A3. Qual è, secondo l'autore, la funzione principale delle nozze imperiali?

A. ☐ Fanno produrre una marea di oggetti-ricordo
B. ☐ Danno luogo a un gran numero di articoli e trasmissioni televisive
C. ☒ Rafforzano l'identità collettiva giapponese
D. ☐ Sono un'occasione per rievocare riti e leggende del passato

3. AIUTO

Leggi con attenzione il secondo paragrafo, in particolare la parte finale di esso, dove troverai gli indizi per rispondere al quesito.

A4. Perché, nel rito della purificazione, la futura sposa dell'imperatore viene "spolverata da un sacerdote" (espressione evidenziata nel testo)?

A. ☒ Per liberarla da ogni difetto o mancanza
B. ☐ Per pulire la sua pelle
C. ☐ Per renderla divina come lo sposo
D. ☐ Per farla più bella

4. AIUTO

Leggi con attenzione la parte del secondo paragrafo in cui si parla del rito di purificazione e ragiona sul significato del termine "purificazione". Una sola risposta spiega bene cosa sia la purificazione.

A5. Come vengono riportate le vicende della Seconda Guerra Mondiale, di cui i Giapponesi sono stati protagonisti, nei libri di storia usati nelle scuole del Paese?

A. ☐ In modo fedele, senza alterare la realtà dei fatti
B. ☐ In modo veritiero, illustrando le atrocità e i massacri commessi
C. ☒ In modo parziale, senza parlare delle colpe dei Giapponesi
D. ☐ In modo dettagliato, riconoscendo le colpe dei Giapponesi

5.AIUTO

Nel testo viene precisato con attenzione se in Giappone sia permesso o meno raccontare la storia in modo veritiero. Rintraccia l'informazione e potrai facilmente scegliere la risposta corretta.

A6. Come si potrebbe sostituire l'espressione "viene alla ribalta", evidenziata nel testo?

A. ☐ Si capovolge
B. ☐ Dà spettacolo
C. ☒ Si presenta
D. ☐ Dà scandalo

6. AIUTO

Se non conosci il significato dell'espressione "viene alla ribalta" prova a cercare nel testo gli indizi per comprenderne il significato. Escludi le espressioni che hanno un significato specifico e diverso da quello contenuto nella frase indicata e in quelle successive.

A7. Secondo l'autore, per quale motivo Masako ha acconsentito a sposare il futuro imperatore?

A. ☐ Per amore
B. ☐ Per desiderio di potere
C. ☐ Per ambizione
D. ☒ Senso del dovere

7. AIUTO

Trovi le informazioni necessarie per rispondere alla fine del terzo paragrafo: vengono escluse delle possibili risposte, mentre se ne sottolinea una.

A8. Cosa significa la frase, riferita a Masako, "... ma in qualche modo anche lei ha risposto alla chiamata del Giappone interno" (evidenziata nel testo)?

A. ☐ Ha risposto al richiamo della famiglia che la voleva con sé
B. ☒ Si è piegata alle tradizioni giapponesi
C. ☐ Ha accettato con gioia di sposare l'imperatore
D. ☐ È tornata dall'estero per rientrare nel suo paese natale

8. AIUTO

Le parole "Giappone interno" indica che il Paese ha una sua identità ben precisa che accomuna tutti i giapponesi, quindi...

A9. Perché Masako può esser considerata un simbolo del suo Paese?

A. ☐ Perché ha dimostrato impegno nello studio e nella carriera
B. ☒ Perché unisce in sé modernità e fedeltà alla tradizione
C. ☐ Per la sua obbedienza ai funzionari imperiali
D. ☐ Per il suo spirito di sacrificio

9. AIUTO

Anche questa informazione è rintracciabile nel terzo capoverso dove se ne fa un riferimento esplicito.

A10. Il testo che hai letto è un articolo di

A. ☐ cronaca rosa
B. ☐ cronaca nera
C. ☐ politica
D. ☒ costume

10. AIUTO

Non lasciarti ingannare, rifletti con attenzione su quale sia lo scopo reale per cui il giornalista ha scritto questo articolo.

A11. Quale tra le seguenti frasi, ricavate dal testo, rende nel modo più completo il pensiero dell'autore?

A. ☐ "Ogni cerimonia imperiale è stata l'occasione per riaffermare la diversità, l'unicità dei Giapponesi"
B. ☐ "Un dovere viene ricordato a tutti: il dovere di essere Giapponesi"
C. ☒ "Il Giappone è esternamente cambiato radicalmente, ma dentro resta lo stesso"
D. ☐ "Neppure la bomba atomica e la sconfitta nella Seconda Guerra Mondiale sono riuscite a intaccare la coscienza giapponese"

11. AIUTO

Anche in questo caso sembrerebbero possibili più risposte, ma presta attenzione al fatto che si chiede quale affermazione **rende nel modo più completo** il pensiero dell'autore.

TESTO B (testo narrativo)

LO SPAZIO BIANCO

Altissima la sopraelevata passava sui palazzi di piazza Ottocalli, faceva ombra ai balconi. Gli automobilisti uscivano dalla tangenziale, e dai finestrini quasi potevano toccare i panni stesi. Dall'ultimo pilone vidi Gaetano che fumava davanti al portone della scuola.

- Buongiorno.
- Quale buongiorno: io stanotte non ho dormito proprio.
- Non ne parliamo, e manco la mano mi dà?
- È sudata.

Non glielo dissi di stare tranquillo: che era il migliore dei miei alunni, perché anch'io ero stata una migliore alunna, e sapevo che il problema agli esami era proprio quello.

Gaetano la terza media se la sarebbe presa, come se la prendevano tutti dopo le 150 ore. Passavano tutti, ma Gaetano era il mio alunno migliore. Quando in classe leggevo i suoi temi ad alta voce, lui arrossiva solo ai primi due righi, poi si gonfiava di orgoglio, mano a mano che andavo avanti e magari facevo anche sì con la testa, lui cresceva, diventava più grosso di quello che era. Poi, sicuro di quello che stava chiedendo, fingeva di cercare conferma: «Il che, là, è giusto?» Il che era giusto e ci stava anche bene in quella frase lì, in quel punto lì. Questo il programma non lo richiedeva.

Io tremavo per lui, però tranquilla entrai nell'aula magna, salutai i colleghi che conoscevo e il presidente esterno. Quello me lo guardai bene, perché la partita di Gaetano era contro di lui: io lo sapevo che stava per scrivere il suo tema in faccia al padre che lo aveva mandato a lavorare a otto anni.

Questo era il suo esame di terza media, adesso Gaetano aveva tredici anni e si calava in apnea nelle cisterne di Calandrino dove mettevano a macerare la canapa: per 50 lire a balla la riportava su. Adesso avrebbe scritto il suo tema sul libretto di lavoro della fabbrica. Lo avrebbe scritto lí per trentotto anni, e la pialla stavolta non avrebbe potuto farci proprio niente.

- Scegli la traccia più facile, - gli avevo detto, perché conoscevo le tentazioni e i rischi degli uomini forti.

Poi la sessione era cominciata, e noi avevamo preso a vagare come mosche stanche davanti alle finestre, a controllare gli orologi.

I signori che avevamo davanti scrivevano composti nei loro banchi, qualcuno ci offriva la vista di una capigliatura brizzolata. Per due ore gli unici a fare rumore fummo noi. Poi vidi Gaetano farmi un cenno.

Io mi girai verso la cattedra, ma i commissari non mi avrebbero detto niente: cosa si può correggere in tre parole sottovoce, senza guardare il foglio e passando? In cosa avrei potuto più aiutarlo, dopo cinquantasette anni, tre figli e una mano devastata, se non sapeva mettere i suoi congiuntivi in ordine e quello che pensava dentro le parole?

Allora mi avvicinai e guardai sul banco, capii che aveva già scritto molto e con poche cancellature.

- Ho un problema. Mi sono bloccato.
- Che cosa vuoi dire?
- Vorrei andare avanti.
- Mettici un futuro.

Tratto da www.invalsi.it

- No, voglio metterci il presente.
- E scrivi al presente.
- Però vengo già da un presente che è finito mo'.

Non capivo, avevo bisogno di leggere, non gli risposi nulla e mi presi altre due vasche, avanti e indietro tra le corsie dei banchi. All'altezza della porta accennai anche un passo fuori, ma guardavo l'orologio e smaniavo per tornare vicino a Gaetano. Controllai l'ansia mentre andavo verso di lui, mi avvicinai lentamente e mi misi a sbirciare da dietro, ma con finta noncuranza, come se fossi incuriosita.

Lessi dove lui mi indicò, che era dove finiva lo scritto: «Anche se scrivo con la sinistra, e nessuno ormai se ne accorge, io però alla mano destra ho sempre tre dita in meno. Che sono la mia libertà, perché la mia normalità di prima era una pietra».

Pensai e feci due passi, poteva riattaccare con un «adesso».
- Professoré.
- Sto pensando.
- Io devo scrivere altre due pagine, al presente, che è un presente nuovo.
- Ho capito.

Guardai l'orologio, e maledissi i perfezionisti di cinquantasette anni che scrivono con tre dita mancanti. Un commissario cominciava a guardare fisso verso di me, parlai tra le labbra come fossi anch'io una studentessa.
- Mettici uno spazio bianco e ricomincia a scrivere quello che vuoi.
- Ma si può fare?
- Sì, lascia un rigo in bianco e ricomincia sotto.
- Non è che poi pensano che mi sono dimenticato qualcosa?
- No-o.

Il commissario Esposito si alzò e mi sorrise gentilmente con un sorriso falso, mi richiamò:
- Dottoressa, venga a prendere il caffè: abbiamo chiamato il bar.

Guardai Gaetano con risentimento.
- Ma lei non ce l'ha mai detto in classe che si poteva fare.
- E va bene, però mo' non scocciare e mettici uno spazio bianco, che io mi vado a prendere il caffè.

B1. L'accenno agli automobilisti che "quasi potevano toccare i panni stesi" (evidenziata nel testo) ha lo scopo di:

A. ☒ dare un'idea di quanto in alto e quanto vicina alle case corresse la strada
B. ☐ impressionare il lettore con il pericolo cui gli automobilisti erano esposti
C. ☐ descrivere la vista dei palazzi che si offriva a chi percorreva la sopraelevata
D. ☐ informare il lettore che la protagonista sta arrivando in macchina a scuola

1. AIUTO

Per capire quale sia la risposta devi riflettere sulla natura del periodo con cui inizia il testo: è una descrizione, si parla della protagonista, si vuole impressionare il lettore oppure si vuole solo dare un'idea?

B2. Il breve dialogo che si svolge tra i due protagonisti (evidenziato) ci fa capire che:

A. ☐ si erano dati appuntamento davanti al portone della scuola

B. ☐ non avevano dormito per la preoccupazione di arrivare in ritardo

C. ☒ sono entrambi in ansia per l'esame che deve iniziare di lì a poco

D. ☐ non sono in confidenza tra loro perché si danno del lei

2. AIUTO

Devi prestare attenzione all'espressione "non ne parliamo". Che cosa indica? La lettura della parte successiva del racconto ti aiuterà a confermare la tua ipotesi.

B3. "...e sapevo che il problema agli esami era proprio quello" (espressione evidenziata nel testo). Qual è il problema cui si fa riferimento?

A. ☐ Di aver paura dei commissari

B. ☐ Di riuscire a far bene le prove

C. ☐ Di essere stato un bravo alunno

D. ☒ Di riuscire a rimanere calmi

3. AIUTO

Il problema è legato al fatto che Gaetano non ha dormito. Perché non ha dormito? Con questa informazione puoi trovare la risposta corretta.

B4. Perché la protagonista è sicura che "Gaetano la terza media se la sarebbe presa" (espressione evidenziata nel testo)?

A. ☐ Perché era il suo alunno migliore

B. ☒ Perché tutti riuscivano a superare l'esame

C. ☐ Perché sapeva fare dei bei temi

D. ☐ Perché tutti dopo le 150 ore erano ben preparati

4. AIUTO

La risposta è contenuta chiaramente nel testo (nel terzo paragrafo). Rileggilo con attenzione.

B5. Le parole "...lui cresceva, diventava più grosso di quello che era" (evidenziate nel testo) vogliono dire che:

A. ☐ Gaetano aumentava nella statura e nella corporatura

B. ☐ Gaetano si sentiva arrossire per quello che aveva scritto

C. ☒ l'approvazione della professoressa rendeva Gaetano fiero di sé

D. ☐ a Gaetano piaceva che la professoressa leggesse i suoi temi a voce alta

5. AIUTO

Una risposta è da escludere perché è del tutto priva di significato nel contesto; per quanto riguarda poi la scelta tra le altre tre possibilità, ancora una volta, devi considerare l'espressione all'interno del contesto.

Tratto da www.invalsi.it

B6. Per quale ragione Gaetano "fingeva di cercare conferma" (espressione evidenziata nel testo)?

A. ☐ Sapeva già quello che stava per chiedere
B. ☐ Non era sicuro di quello che aveva scritto
C. ☒ Desiderava sentirsi dire che aveva fatto bene
D. ☐ Voleva che la professoressa correggesse i suoi errori

6. AIUTO

Leggi con attenzione cosa viene detto nel testo appena prima dell'espressione, ti aiuterà a capire che cosa significa.

B7. "Questo il programma non lo richiedeva" (espressione evidenziata nel testo). Che cosa il programma non richiedeva?

A. ☒ Di saper scrivere in Italiano in buono stile
B. ☐ Di conoscere l'uso corretto del pronome che
C. ☐ Di sapere che in una frase il che va messo dopo un nome
D. ☐ Di esser capaci di fare le giuste domande agli insegnanti

7. AIUTO

Nel testo non si fanno riferimenti specifici alla grammatica, quindi la risposta corretta sarà di carattere più generale.

B8. Nella parte di testo evidenziata si dice che Gaetano "stava per scrivere il suo tema in faccia al padre". Con queste parole si vuole sottolineare che

A. ☐ Gaetano stava per scrivere un tema pieno di odio contro il padre
B. ☐ Gaetano era stato mandato dal padre a lavorare troppo presto, quand'era ancora un bambino
C. ☐ era per colpa del padre se Gaetano non aveva potuto studiare
D. ☒ essere arrivato all'esame di licenza era per Gaetano una rivincita nei confronti del padre

8. AIUTO

Nel cercare la risposta corretta è importante non immaginare nulla, ma fare riferimento solo a quanto si afferma nel testo.

B9. Perché la protagonista aveva detto a Gaetano di scegliere "la traccia più facile" (espressione evidenziata)?

A. ☐ Perché non corresse il rischio di esser bocciato all'esame
B. ☒ Perché temeva che la personalità di Gaetano lo inducesse a fare una scelta azzardata
C. ☐ Perché sapeva che la commissione d'esame era molto severa
D. ☐ Perché pensava che Gaetano non fosse all'altezza di svolgere un tema troppo difficile

9. AIUTO

In questo caso la risposta è contenuta espressamente nel testo. Rileggilo con attenzione nella parte centrale e troverai l'indizio che ti serve per rispondere.

B10. L'espressione "mi presi altre due vasche" (evidenziata nel testo) vuol dire

A. ☒ andai su e giù per due volte
B. ☐ feci due giravolte
C. ☐ girai intorno ai banchi
D. ☐ feci due volte dietro front

10. AIUTO

Se non conosci questo modo di dire, fai riferimento alla piscina: cosa vuol dire fare due vasche?

B11. La frase "Che sono la mia libertà, perché la mia normalità di prima era una pietra" (evidenziata) vuol dire che

A. ☒ la perdita di tre dita era stata per Gaetano una sorta di liberazione
B. ☐ solo con tutte le dita Gaetano si era sentito un uomo normale
C. ☐ Gaetano si sentiva finalmente libero di scrivere con la sinistra
D. ☐ esser stato costretto a lasciare la scuola era per Gaetano come una pietra sul cuore

11. AIUTO

Anche per questa risposta non devi immaginare nulla, rispondi facendo riferimento a quello che trovi nel testo.

B12. Perché il commissario Esposito, rivolgendosi alla protagonista, le sorride "con un sorriso falso" (espressione evidenziata)?

A. ☐ Per nascondere il suo desiderio di bere il caffè con lei
B. ☐ Per ingraziarsi la collega
C. ☐ Perché non è un uomo sincero
D. ☒ Perché vuole allontanarla da Gaetano

12. AIUTO

Devi pensare all'espressione nel contesto: perché il commissario Esposito le sorride e la invita a prendere un caffè?

B13. Il suggerimento di lasciare uno spazio bianco e andare avanti "risolve" il dilemma di Gaetano. Che cosa rappresenta lo spazio bianco?

A. ☒ Lo stacco tra il passato di Gaetano e la nuova vita che comincia
B. ☐ L'incertezza di Gaetano riguardo a che cosa scrivere nel tema
C. ☐ Il dolore lasciato nella vita di Gaetano dalla perdita di tre dita
D. ☐ L'ignoranza da parte di Gaetano di quale sarà ora il suo futuro

13. AIUTO

Ancora una volta non devi inventare la soluzione, ma partire da ciò che è scritto nel testo. Forse però potrebbe avere un significato allegorico.

TESTO C (testo informativo)

Questo testo è la presentazione pubblicitaria di un negozio di dolciumi di Torino

È proprio nel cuore di Torino, nella famosa piazza San Carlo, che la storica "Confetteria Stratta" dal 1836 apre le sue porte agli affezionati clienti.

A prediligerla un pubblico raffinato, in grado di apprezzare le celeberrime caramelle, i coloratissimi *fondants* con la goccia, la sontuosa crema gianduia e gli irresistibili cioccolatini. E che dire dei *marrons glacés*, pelati a mano uno ad uno e messi a candire per ottanta ore? Gesti antichi, rimasti tali grazie a un nobile passato.

Tutto ha inizio quando i maestri confettieri Stratta e Reina escono dall'anonimato del loro laboratorio e per fondare la premiata ditta scelgono quelli che, secondo molti cronisti dell'epoca, sono i portici più belli e più vasti d'Europa. L'apertura del locale nel palazzo settecentesco del Castellamonte, oggi di proprietà della Società del Whist, precede di due anni la collocazione nella piazza del monumento equestre in bronzo dedicato a Emanuele Filiberto: il "Caval 'd Brôns". Nel 1840 Stratta si distingue tra le botteghe del centro per essere una delle prime a richiedere l'istallazione dell'illuminazione a gas, in sostituzione del sistema ad olio. Nel 1858, dopo la parentesi di gestione di Alessandro Reina, la conduzione dei fratelli Stratta diviene definitiva. Nelle belle vetrine fanno mostra di sé caramelle e confetti, cioccolatini e praline, *marrons glacés* e canditi, il tutto alternato ai legni e ai cristalli preziosi. Il successo è immediato. Le caramelle dai mille sapori, oggi famose in tutto il mondo, entrano trionfalmente alla corte dei Savoia e la confetteria acquisisce il titolo più ambito e prestigioso del tempo: "Fornitori della Real Casa". Testimonia il riconoscimento lo stemma originale, tuttora visibile all'interno del negozio.

Come i Savoia, così anche il Conte Cavour è un fedele cliente di Stratta. Nell'arduo compito di cercare appoggi al nascituro Regno d'Italia, il grande statista prende letteralmente per la gola gli ambasciatori dell'intera Europa. È passato alla storia il suo ordinativo a Stratta di ventinove chili di *marrons glacés*, diciotto di sorbetto, trentasette di frutta caramellata e poi ancora paste da forno, confetture e meringhette per un totale esorbitante di 2547 lire e 60 centesimi. Erano i tempi di Torino capitale e la città era teatro di feste, balli e ricevimenti.

C1. La frase "Gesti antichi, rimasti tali grazie a un nobile passato" (evidenziata nel testo) intende sottolineare che

A. ☒ la produzione della confetteria Stratta si rifà a tecniche tradizionali tramandate nel tempo
B. ☐ la confetteria Stratta era frequentata in passato dalla nobiltà
C. ☐ i dolci della confetteria Stratta sono rimasti uguali dal secolo scorso ai nostri giorni
D. ☐ i prodotti della confetteria Stratta sono frutto di gesti antiquati

1. AIUTO

Devi ragionare a partire dalle espressioni "gesti antichi" e "nobile passato".

Tratto da www.invalsi.it

C2. Nel periodo "Tutto ha inizio quando …" (evidenziato nel testo), la parola "Tutto" si riferisce

A. ☐ alla lista dei prodotti dolciari elencati prima
B. ☐ al momento di apertura della confetteria
C. ☒ alla storia della confetteria raccontata nel testo
D. ☐ alla decisione di Stratta e Reina di fondare la confetteria

2. AIUTO

Per capire a cosa fa riferimento la parola "tutto" considera qual è il contenuto complessivo del testo. Di che cosa si parla? "Tutto" fa riferimento a quello.

C3. L'espressione "escono dall'anonimato del loro laboratorio" (evidenziata nel testo), riferita a Stratta e Reina, significa

A. ☐ abbandonano l'attività che svolgevano nel loro laboratorio
B. ☒ lasciano il loro sconosciuto laboratorio per aprire la confetteria
C. ☐ si trasferiscono all'insaputa di tutti nel palazzo del Castellamonte
D. ☐ comprano una pasticceria già famosa in tutta Europa

3. AIUTO

Che cosa significa uscire dall'anonimato? Rifletti sul significato di questa espressione per trovare la risposta corretta.

C4. Con l'espressione "la premiata ditta" (evidenziata) si indica

A. ☐ la Società del Whist
B. ☐ il palazzo del Castellamonte
C. ☐ la premiazione ottenuta dalla ditta Stratta
D. ☒ la confetteria Stratta

4. AIUTO

Devi fare riferimento alle informazioni contenute nel testo. Di quale ditta si sta parlando?

C5. Nella parte di testo evidenziata si legge: "secondo molti cronisti dell'epoca". A quale epoca si sta facendo riferimento?

A. ☐ alla fine del Settecento
B. ☐ alla seconda metà dell'Ottocento
C. ☒ alla prima metà dell'Ottocento
D. ☐ agli inizi del Novecento

5. AIUTO

Devi far riferimento alla data di apertura della ditta che è riportata nel testo.

Tratto da www.invalsi.it

C6. Quando venne introdotta a Torino l'illuminazione a gas?

A. ☐ Nel 1840
B. ☒ Un po' prima del 1840
C. ☐ Poco dopo il 1840
D. ☐ Non ci sono sufficienti informazioni per dirlo

6. AIUTO

Anche in questo caso devi far riferimento ad una data che è presente nel testo.

C7. Nella parte evidenziata si legge: "Testimonia il riconoscimento lo stemma originale". A che cosa si riferisce "il riconoscimento"?

A. ☒ Al fatto che la confetteria Stratta divenne ufficialmente la ditta venditrice di dolci ai Savoia
B. ☐ All'ingresso trionfale fatto dai dolci della confetteria Stratta nel palazzo dei Savoia
C. ☐ Al fatto che i Savoia divennero i più assidui consumatori di dolci della confetteria Stratta
D. ☐ Al grande successo che i dolci della confetteria Stratta riscossero presso la corte dei Savoia

7. AIUTO

Cerca nel testo il riferimento per capire di cosa si tratta. Se ne parla appena prima dell'espressione considerata.

C8. La frase evidenziata nel testo "Nell'arduo compito di cercare appoggi al nascituro Regno d'Italia, il grande statista prende letteralmente per la gola gli ambasciatori dell'intera Europa" significa che il grande statista

A. ☒ cerca di ottenere il sostegno degli ambasciatori europei offrendo loro i dolciumi della confetteria Stratta
B. ☐ prende per il collo gli ambasciatori di tutta Europa costringendoli a dargli il loro appoggio
C. ☐ prende alla lettera la golosità degli ambasciatori dell'intera Europa per avere il loro aiuto
D. ☐ fa pressione sugli ambasciatori europei perché acquistino i dolciumi della confetteria Stratta

8. AIUTO

Devi ragionare sul significato dell'espressione "prendere per la gola".

LESSICO

D1. Scrivi la parola che corrisponde alla definizione.
Esempio: Edificio adibito ad abitazione dell'uomo: (nome che inizia per c) *casa*

Correre dietro a qualcuno per raggiungerlo: (verbo che inizia con i) ...inseguire...

> **1. AIUTO**
> Non pensare a nulla di difficile: è il verbo che si usa normalmente per indicare questa azione!

D2. Scrivi la parola che corrisponde alla definizione.
Esempio: Edificio adibito ad abitazione dell'uomo: (nome che inizia per c) *casa*

Organismo vegetale nella sua prima fase di sviluppo da un seme o da una gemma: (nome che inizia con g) ...germoglio...

> **2. AIUTO**
> È un termine a cui è legato anche un verbo che indica quando in primavera spuntano le gemme.

D3. Scrivi la parola che corrisponde alla definizione.
Esempio: Edificio adibito ad abitazione dell'uomo: (nome che inizia per c) *casa*

Impedire o rendere difficile la realizzazione di qualcosa:
(verbo che inizia con o) ostacolare...

> **3. AIUTO**
> In questo caso invece si tratta di un verbo a cui è legato un sostantivo (es. la corsa ad o...)

D4. Scegli fra le quattro alternative proposte quella che completa la parola o la frase evidenziata (forma cioè una "collocazione lessicale").
Esempio: dilazionare ......
A. ☐ un argomento
B. ☒ un pagamento
C. ☐ una fessura
D. ☐ una spia

.... di botte
A. ☐ soffiare
B. ☒ gonfiare
C. ☐ pompare
D. ☐ dilatare

> **4. AIUTO**
> È un modo di dire, se non lo conosci pensa a quale potrebbe essere l'effetto sul corpo di una persona che ha ricevuto molte botte.

D5. Scegli fra le quattro alternative proposte quella che completa la parola o la frase evidenziata (forma cioè una "collocazione lessicale").

Esempio: dilazionare ......

A. ☐ un argomento
B. ☒ un pagamento
C. ☐ una fessura
D. ☐ una spia

Mostra ....

A. ☒ permanente
B. ☐ infinita
C. ☐ costante
D. ☐ eterna

5. AIUTO

Anche in questo caso è un modo di dire, se non lo conosci ragiona su quali caratteristiche potrebbe avere una mostra.

D6. Scegli fra le quattro alternative proposte quella che completa la parola o la frase evidenziata (forma cioè una "collocazione lessicale").

Hai realizzato un bellissimo disegno! Non conoscevo questa tua .... artistica.

A. ☒ vena
B. ☐ pena
C. ☐ scena
D. ☐ lena

6. AIUTO

Sei di nuovo di fronte ad un modo di dire. Se stiamo parlando di una persona, il riferimento sarà ad una parte del corpo.

D7. Nelle frasi che seguono manca la stessa parola, usata con significati di volta in volta diversi. Scrivi la parola mancante nella casella corrispondente.

Esempio: Al telegiornale hanno trasmesso un interessante ……………… sul tema del riciclo dei rifiuti
Il ……………… da tè in mostra è decorato in oro
Il ……………… di leva obbligatorio è stato abolito per legge
Parola corretta: servizio

7. AIUTO

Devi trovare una parola che completa le tre frasi, ovviamente ogni volta assume un significato diverso.

A causa della siccità, la ..falda........ acquifera si è abbassata.
Questo cappotto è troppo lungo: la .... striscia per terra.
La.................... del tetto delle case di montagna è spiovente per permettere alla neve di cadere più facilmente a terra.

Parola corretta:

D8. Indica se l'espressione sottolineata nelle frasi che seguono è usata:
a) in senso informale (registro basso);
b) in senso neutro (registro standard);
c) in senso formale (registro elevato).

8. AIUTO

Non devi fare altro che ragionare sul registro: quale frase è più elegante? Quale più semplice e bassa? Per esclusione assegnerai poi il registro medio.

	Registro basso	Registro standard	Registro elevato
a. La vacanza <u>è iniziata</u> con una bella gita al lago.		X	
b. La stagione invernale <u>ha esordito</u> con una nevicata inattesa.			X
c. A quel punto Paolo <u>ha attaccato</u> a blaterare cose senza senso!	X		

RIFLESSIONE SULLA LINGUA

E1. Leggi il periodo che segue: "Giovanni ha detto che avrebbe spedito la lettera nel pomeriggio ma non l'ha ancora fatto".

Il verbo della frase subordinata (avrebbe spedito) esprime, rispetto al verbo della frase principale (ha detto), un'azione che accade

A. ☐ contemporaneamente
B. ☐ prima
C. ☐ solitamente
D. ☒ dopo

> **1. AIUTO**
> Ragiona su quando si svolgono le azioni, sono contemporanee? Ce n'é una successiva? Se sì, quale? Ce n'é una precedente? Se sì, quale?

E2. La frase "È vietato gettare i rifiuti per terra" esprime

A. ☐ un desiderio
B. ☒ una proibizione
C. ☐ un ordine
D. ☐ una raccomandazione

> **2. AIUTO**
> Devi ragionare sull'espressione "è vietato". Che cosa indica?

E3. Nella frase «Lucia ed Elisa sono le più grandi della loro classe» c'è un aggettivo di grado

A. ☒ superlativo relativo
B. ☐ positivo
C. ☐ comparativo di maggioranza
D. ☐ superlativo assoluto

> **3. AIUTO**
> Individua innanzitutto l'aggettivo. Poi ragiona su di esso. C'è una comparazione o no? C'è un superlativo? Di che tipo?

E4. Indica la frase in cui c'è un predicato nominale.

A. ☒ È un esempio per tutti il coraggio di quel ragazzo!
B. ☐ La diva era seguita da un codazzo di giornalisti.
C. ☐ È nell'armadio di camera tua la giacca rossa.
D. ☐ Giovanni era tornato a casa prima del solito.

> **4. AIUTO**
> Ricordi che cos'è il predicato nominale? Il predicato nominale è formato dall'unione del verbo essere a un nome o un aggettivo che si riferiscono al soggetto, denotandone una qualità.

E5. Quale delle seguenti frasi <u>non</u> è in forma passiva?

A. ☐ I nuovi arrivati furono ospitati nella casa di un amico
B. ☐ Mia sorella è stata bocciata all'esame di maturità
C. ☒ Il treno era arrivato in stazione con mezz'ora di ritardo
D. ☐ Nelle ore di punta le vie della città sono intasate dal traffico

> **5. AIUTO**
>
> La forma passiva è possibile solo coi verbi transitivi. Cerca quale di questi verbi è invece intransitivo.

E6. In quale delle seguenti frasi ci sono contemporaneamente un complemento di mezzo e uno di specificazione?

A. ☐ Con te andrei in qualunque posto del mondo
B. ☐ La mattina della domenica mi piace alzarmi con calma
C. ☐ Un uomo con una valigia uscì dal portone del palazzo
D. ☒ La donna tagliò i capelli della figlia con una forbice

> **6. AIUTO**
>
> In questo caso non puoi fare altro che cercare i due complementi (magari puoi sottolinearli con colori diversi) e vedere dove sono presenti entrambi.

Il mio risultato:	
Prova di comprensione del testo A	**.../11**
Prova di comprensione del testo B	**.../13**
Prova di comprensione del testo C	**.../8**
Lessico	**.../8**
Prova sulle conoscenze grammaticali	**.../6**
Punteggio totale	**.../46**

Ho trovato la prova:

☐ Difficile
☐ Più semplice di quanto pensassi
☐ Adeguata alle mie aspettative e capacità
☐ Altro ....

PARTE PRIMA – TESTO A (testo narrativo)

IO E LA SCUOLA

A undici anni, seppi che dovevo andare a scuola sola. Questa notizia mi colmò di sconforto: ma non dissi parola, e nascosi la mia desolazione in un sorriso largo e falso, perché, da qualche tempo, avevo preso l'abitudine di tacere e sorridere quando sentivo in me dei sentimenti che mi sembravano vili.

Io non ero mai uscita sola; e non ero mai andata a scuola, avendo fatto le elementari in casa. Venivano maestre a farmi lezione: maestre che mia madre spesso cambiava, perché ero addormentata, e lei sperava sempre di trovarne una che mi svegliasse. L'ultima era una giovane signorina con un cappello di feltro; usava dire, quando io dopo lunghe esitazioni le rispondevo giusto, «Te deum», e lo diceva così in fretta, che io sentivo «tedem» e a lungo non riuscii a capire cos'era questo «tedem» bisbigliato fra i denti. Comunque grazie alla maestra Tedem fui promossa agli esami di licenza elementare.

Mia madre m'informò che ora m'aveva iscritto «*al ginasio*»: pronunciava questa parola con una *enne* sola. Il *ginasio* era il luogo dove avevo fatto gli esami: e siccome era vicinissimo a casa, dovevo andarci da sola, e da sola tornare, perché dovevo smettere di essere quello che ero, e cioè un «impiastro».

Io ero «un impiastro» per varie ragioni. Non sapevo vestirmi da sola, né allacciarmi le scarpe; non sapevo rifarmi il letto né accendere il gas; non sapevo lavorare a maglia, benché più volte mi fossero stati messi in mano dei ferri da calza; ero inoltre assai disordinata e lasciavo la mia roba in giro, come se avessi avuto, diceva mia madre, «venti servitori»; quando c'erano invece bambine che alla mia età facevano il bucato, stiravano e cucinavano interi pranzi.

Pensai che non avrei smesso di essere «un impiastro» andando a scuola sola. Ormai ero un impiastro per sempre. Avevo sentito mio padre dichiarare che ero un impiastro per sempre: e che la colpa non era mia, ma di mia madre, che m'aveva tirato su male e m'aveva viziato. Anch'io pensai che la colpa era di mia madre e non mia: ma questo non mi consolava del fatto che non ero come quelle bambine svelte e invidiabili, che stiravano e rammendavano lenzuola, maneggiavano sapone e denari, aprivano e chiudevano con la chiave la porta di casa e salivano sole sui tram. Da loro mi separavano distanze sconfinate e senza rimedio. Non c'era, del resto, nulla in cui io fossi dotata: non ero sportiva, non ero studiosa, non ero nulla, e ad un tratto questo, che sapevo da tempo avendolo sentito ripetere più volte in casa, mi sembrò una grande disgrazia.

Mio padre però non voleva che uscissi sola. A scuola mi doveva accompagnare la donna di servizio, che tanto, come lui diceva sempre, «non aveva mai niente da fare». «Guai a te se la mandi a scuola sola», aveva urlato a mia madre; e mia madre gli aveva assicurato che m'avrebbe sempre accompagnato la donna. Mentiva; e io me ne accorsi. Sapevo che a mio padre si dicevano, ogni tanto, delle bugie: era necessario, perché lui aveva, come ripeteva sempre mia madre, «un gran brutto carattere», e le bugie servivano a dare a noi tutti un po' di respiro, a difenderci dai suoi molteplici comandi e divieti. Io però mi ero accorta che le bugie dei miei fratelli a mio padre avevano qualche probabilità di durata; ma le bugie che gli diceva mia madre, nascevano malate d'un'intima gracilità, e si estinguevano nello spazio d'un giorno. Quanto a me, non dicevo bugie a mio padre semplicemente perché non avevo il coraggio di rivolgergli mai la parola: avevo di lui una sacra paura. Se accadeva che mi chiedesse qualcosa, gli rispondevo a voce tanto bassa, che lui non capiva e urlava che non aveva capito: mia madre gli diceva allora cos'avevo detto, e le mie parole, nella voce di mia madre, mi sembravano una miseria; facevo un sorriso largo e stupido: il sorriso che s'apriva sulla mia faccia, quando sentivo tremare in me la paura e la vergogna d'aver paura.

Ero persuasa che mio padre avrebbe presto scoperto che a scuola non mi accompagnava nessuno: la sua collera usava abbattersi sulle bugie di mia madre con la furia d'una bufera, e io odiavo d'essere all'origine d'una lite fra i miei genitori: era la cosa che odiavo e temevo di più al mondo.

Pensai che la mia vita passata, quando non andavo a scuola, era stata assai dolce. Era certo la vita d'un impiastro: ma come l'amavo nella memoria. Mi alzavo tardi, e facevo bagni lunghi e caldissimi: disubbidendo a mio padre, che esigeva e credeva che io facessi il bagno freddo in ogni stagione. Poi mangiavo a lungo frutta e pane; e con un pezzo di pane mi mettevo a leggere, stando carponi sul pavimento. Mi dicevo a volte che fra le grandi sventure che potevano colpirmi, una era che mio padre decidesse di non lavorare più nel suo istituto, dove passava le giornate vestito d'un camice grigio; ma portasse invece la sua roba a casa, il camice, il microscopio e i vetrini su cui studiava; e allora tutte le cose che io facevo al mattino mi sarebbero state proibite, dai bagni caldi al pane mangiato leggendo per terra.

Non ero studiosa. Mio padre ai miei studi non s'interessava, avendo, come spesso dichiarava, «altro da pensare»; lo preoccupavano invece gli studi d'un mio fratello, maggiore di me di qualche anno, «che non aveva voglia di far niente», cosa che a lui faceva «perdere il lume degli occhi». Mia madre lo informava ogni tanto che io «non capivo l'aritmetica», ma questa notizia non sembrava scuoterlo. Usava però tuonare in generale contro «la poltroneria»; e le mie mattinate erano pura poltroneria, e io lo sapevo e lo pensavo, mangiando pane e leggendo romanzi con un vago senso di colpa e con profondo piacere.

Quando arrivava la maestra, mi tiravo su con le ginocchia formicolanti e la testa confusa; sedevo con lei al tavolo, e le offrivo i miei compiti monchi e sbagliati. S'arrabbiava e mi sgridava, ma io non avevo paura: essendo avvezza alle collere di mio padre, le sgridate della maestra Tedem erano per me un tubare di colomba. Fissavo il suo cappello di feltro, le sue perle, il suo *foulard* di seta; nessun soffio di paura saliva a me dal suo *chignon* puntato con forcine di tartaruga, dalla borsa che aveva posato sul tavolo e che assomigliava alla borsa di mia madre. Il terrore aveva per me i tratti di mio padre: la sua fronte aggrottata, le sue lentiggini, le sue lunghe guance rugose e scavate, le sue sopracciglia arruffate e ricciute, la sua torva spazzola rossa.

Quando andai a scuola, di colpo la mia vita cambiò. Avevo imparato da poco a leggere l'ora: non avendo mai avuto bisogno, in passato, di sapere che ora fosse. Adesso, quando mi alzavo, guardavo l'ora centomila volte, un poco sulla sveglia che avevo sul comodino, e un poco sul grande orologio che stava sull'angolo della strada, proprio dirimpetto alla mia finestra. Quei due orologi, io li odiavo. La mia vita s'era riempita a poco a poco di cose che odiavo. Al mio risveglio, con immensa tristezza tiravo su l'avvolgibile e gettavo uno sguardo sulla strada che m'aspettava, ancora buia, deserta, con l'orologio illuminato da un fioco lampione. Dovevo andare a scuola da sola; così aveva deciso mia madre. Avrei potuto rivelarlo a mio padre; ma una simile idea la scartavo subito con spavento. Sarebbero scoppiate bufere, nelle quali anch'io sarei stata travolta. La bugia di mia madre, sulla donna di servizio che m'accompagnava, stranamente resisteva: era una delle sue rare bugie dotate di forza vitale.

(Tratto da: Natalia Ginzburg, *Mai devi domandarmi*, Milano, Garzanti, 1970)

A1. La madre cambiava spesso maestre alla figlia perché la bambina:

A. ☐ aveva un carattere difficile
B. ☒ era svogliata e lenta nell'apprendere
C. ☐ mostrava ostilità verso le maestre
D. ☐ era troppo vivace e indisciplinata

1. AIUTO

La risposta si trova facilmente nelle prime righe del testo ed è l'autrice stessa che riferisce il motivo esatto per cui la madre cambiava spesso maestre.

A2. Nella frase "quando io dopo lunghe esitazioni le rispondevo giusto" (righe 8-9), la parola "esitazioni" significa:

A. ☐ distrazioni
B. ☐ analisi
C. ☒ incertezze
D. ☐ discussioni

2. AIUTO

Quale atteggiamento mostra la bambina nei confronti della maestra? Sarebbe capace di lunghe discussioni con lei o di silenziose approfondite analisi?

A3. La parola "Comunque" alla riga 10 può essere sostituita con:

A. ☐ quindi
B. ☐ allora
C. ☐ difatti
D. ☒ tuttavia

3. AIUTO

Rileggi attentamente dalla riga 7 alla riga 11. Appare chiaro che la bambina raggiunge la promozione negli esami di licenza elementare anche se non ha mostrato di essere un'alunna brillante. Detto questo, quale parola ti sembra più adatta per sostituire "Comunque" (riga 10)?

A4. Il "*ginasio*" era:

A. ☐ la scuola preferita dalla mamma della protagonista
B. ☐ la scuola dove la protagonista aveva frequentato le elementari
C. ☒ la scuola dove la protagonista aveva conseguito la licenza elementare
D. ☐ la scuola che la maestra Tedem aveva consigliato alla protagonista

4. AIUTO

Ricerca nella prima parte del testo il punto esatto dove viene nominato per la prima volta il ginnasio, anzi, come dice la madre il "ginasio"; di seguito troverai la risposta al quesito.

A5. Nella frase "quando c'erano invece bambine che alla mia età facevano il bucato" (righe 19-20), il termine "quando" ha un valore:

A. ☒ avversativo: mette in contrapposizione ciò che si dice con quanto detto prima
B. ☐ esplicativo: introduce una spiegazione di quanto detto prima
C. ☐ temporale: colloca l'azione in un tempo futuro rispetto a quanto detto prima
D. ☐ conclusivo: introduce la conclusione di quanto detto prima

5. AIUTO

Rileggendo attentamente le righe 16-21, ti accorgerai che molte bambine svolgevano faticose attività casalinghe, mentre l'autrice no. Quale valore del termine "quando" può esprimere meglio la distanza tra la condizione dell'autrice e quella delle altre bambine? Prima di rispondere, leggi con attenzione la descrizione di avversativo, esplicativo, temporale e conclusivo.

A6. Con l'uso ripetuto di espressioni in forma negativa riferite a se stessa (righe 16-17, 27-28) la narratrice-protagonista intende:

A. ☐ evidenziare la sua frustrazione per la solitudine in cui viveva
B. ☐ elencare i difetti per cui le altre bambine la prendevano in giro
C. ☒ sottolineare la pessima immagine che si era fatta di se stessa
D. ☐ dare di se stessa un'immagine da intellettuale senza senso pratico

6. AIUTO

Rileggi le righe 16-17, e 27-28. Alla riga 28 la bambina afferma parlando di sé: "non ero nulla". La forma verbale "ero" sottolinea il fatto che la bambina credeva in prima persona di essere un'incapace.

A7. Perché la madre decide che la figlia deve andare a scuola da sola?

Pk la mamma voleva che fosse autonoma

7. AIUTO

Dalla lettura del brano emerge che la madre non era contenta di come stava crescendo la figlia poiché l'avrebbe voluta più attiva, capace e autonoma. La scelta di costringerla ad andare a scuola da sola potrebbe essere una precisa strategia educativa della madre?

A8. I genitori della protagonista sono in contrasto riguardo all'educazione della figlia. Ricopia dal testo una frase in cui emerge chiaramente questo contrasto.

*

8. AIUTO

Il contrasto tra i genitori riguardo l'educazione della figlia emerge in diversi punti del brano (ad. es. riguardo al fatto di mandare la bambina a scuola da sola): ricopia almeno una frase in cui appare evidente la diversità di vedute tra madre e padre.

Tratto da www.invalsi.it

A9. Perché ogni tanto era necessario dire delle bugie al padre della protagonista?

Metti una crocetta per ogni riga.

9. AIUTO

Già a partire dalla riga 35, il carattere del padre viene definito come "un gran brutto carattere", tuttavia non appare come un uomo poco affezionato alla famiglia, perché si dice esplicitamente che non vuole che la figlia vada a scuola da sola e che si preoccupa degli studi del figlio. Fai attenzione! Tra i cinque modi di definire il padre c'è "iroso" (c): conosci il significato di questo aggettivo? Esso deriva da "ira", cioè "rabbia".

Perché il padre era...	Sì	No
a. poco affezionato alla famiglia		X
b. autoritario	X	
c. iroso	X	
d. sospettoso		X
e. severo	X	

A10. Perché di fronte alle sfuriate del padre la protagonista fa "un sorriso largo e stupido" (riga 42)?

A. ☐ Perché preferisce apparire sciocca agli occhi del padre piuttosto che provocare una lite tra i genitori

B. ☐ Perché vuole nascondere con il sorriso la violenza con cui è tentata di reagire alle sfuriate del padre

C. ☒ Perché ha paura del padre ma al tempo stesso rifiuta questo sentimento di cui si vergogna

D. ☐ Perché teme che le bugie dette al padre siano scoperte e vengano duramente punite da lui

10. AIUTO

Rileggi dalla riga 40 alla riga 43 ponendo particolare attenzione alle righe 42 e 43, dove oltre che di paura si parla anche di vergogna.

A11. Quando la protagonista è capace di trasgredire i principi educativi del padre?

Solo quando lui non c'è ....

....

....

....

11. AIUTO

La protagonista teme il padre per il suo "brutto carattere" e non è di certo in grado di opporsi a lui in sua presenza, quindi si sente di farlo solo quando... Completa la frase nel modo in cui ti sembra più opportuno.

A12. Del suo passato la protagonista ricorda, accanto a situazioni che le davano sofferenza, anche momenti felici. Rintraccia nel testo e ricopia qui sotto una frase che si riferisce a uno di questi momenti felici.

Mangiavo a lungo frutta e pane

....

12. AIUTO

Diversi sono i momenti felici vissuti dalla protagonista; ad es. dalla riga 47 sono narrati ricordi piacevoli di un'infanzia senza scuola. Ricopia almeno una delle frasi che descrivono questi momenti.

A13. Un tema centrale del testo sono le relazioni che la protagonista ha con i genitori. Indica, per ognuna delle seguenti affermazioni, se si riferisce al suo rapporto con il padre oppure a quello con la madre. Sottolinea in ogni affermazione "padre" o "madre".

13. AIUTO

Il quesito chiede di riflettere sulle relazioni tra la protagonista e i suoi genitori. Ripensa al testo nella sua globalità e ai sentimenti che la bambina prova nei confronti di ciascuno dei due genitori. Leggi ogni affermazione provando a metterti nei panni della protagonista e sottolinea ciò che ti sembra giusto (padre o madre).

La protagonista:

a) pensa che la responsabilità dell'educazione sbagliata che ha ricevuto sia da attribuire al padre / alla madre
b) percepisce la debolezza del padre / della madre
c) suo malgrado, non dice bugie al padre / alla madre
d) ha terrore del padre / della madre
e) subisce la decisione presa dal padre / dalla madre

A14. L'espressione "perdere il lume degli occhi" (riga 58) significa:

A. ☒ arrabbiarsi moltissimo
B. ☐ perdere la vista
C. ☐ spazientirsi in fretta
D. ☐ ritrovarsi al buio

14. AIUTO

L'espressione è riferita all'atteggiamento del padre nei confronti della poca voglia di studiare del figlio. Si tratta quindi di un'espressione figurata in quanto non si discute di una improvvisa cecità o di una mancanza di luce (lume = luce).

A15. Quando legge romanzi, la protagonista prova "un vago senso di colpa" (righe 61-62) perché:

A. ☐ trascura i compiti di matematica per dedicarsi alle letture che ama
B. ☐ gode di una opportunità che le altre bambine non hanno
C. ☒ è consapevole di comportarsi in un modo che il padre disapprova
D. ☐ sa di essere un impiastro per la famiglia

15. AIUTO

Rileggi dalla riga 59 alla 62. Il padre si stupisce dello scarso rendimento della figlia in matematica? Quali comportamenti vengono disapprovati dall'uomo, tanto da provocare un senso di colpa nella figlia?

A16. La narratrice-protagonista afferma che "le sgridate della maestra Tedem erano per me un tubare di colomba" (righe 65-66).

Per quale motivo le sgridate della maestra sembravano alla protagonista "un tubare di colomba"?

Perchè lei era abituata alle sgridate del padre

16. AIUTO

Perché la protagonista non teme le sgridate della maestra? Le sue grida sono definite un "tubare di colomba", cioè paragonate ai gentili versi di colombi e tortore. A cosa invece era abituata?

A17. L'espressione "torva spazzola rossa" (riga 70) sintetizza due caratteristiche del padre della protagonista che appartengono a piani diversi. Quali caratteristiche?

Completa la frase sotto, scegliendo le parole dalla lista che segue.

mite/ sopracciglia / rossi / ricci / baffi / capelli / collerico / freddo

Il padre della protagonista era di temperamento collerico (1) e aveva capelli (2) a spazzola rossi (3).

17. AIUTO

Il quesito ti chiede di completare la frase inserendo 3 parole tra le 8 proposte dalla lista. Ti diamo alcuni utili suggerimenti:

1. "Temperamento" è un nome maschile singolare e i suoi sinonimi sono "carattere" o "personalità".
2. "Collerico" è un aggettivo che deriva da "collera" cioè "rabbia".
3. Cosa di solito si definisce "a spazzola"?

A18. "Quando andai a scuola, di colpo la mia vita cambiò." (riga 71). Indica nella tabella quali sono i cambiamenti che avvengono nella vita della protagonista.

Metti una crocetta per ogni riga.

18. AIUTO

Rileggi il testo a partire dalla riga 71 e poi concentrati su ciascuna delle 5 frasi proposte: alcune descrivono cambiamenti positivi e altri negativi. Ma dalla lettura emergono elementi positivi o negativi?

La protagonista...	È un cambiamento che avviene	È un cambiamento che non avviene
a. è costretta a rispettare l'orario scolastico	X	
b. esce di casa senza essere accompagnata	X	
c. impara ad amare cose che prima odiava		X
d. si alza presto al mattino	X	
e. può finalmente dire la verità al padre		X

A19. Perché la protagonista non dice al padre che va a scuola da sola?

A. ☒ Perché sarebbe nato un violento litigio tra i genitori in cui anche lei sarebbe rimasta coinvolta

B. ☐ Perché teme di perdere quel poco di libertà che la possibilità di andare a scuola da sola le dava

C. ☐ Perché pensa che la bugia della madre sarebbe stata sicuramente scoperta dal padre

D. ☐ Perché l'idea di ingannare il padre la fa sentire solidale con la madre

19. AIUTO

La protagonista non ama andare a scuola da sola ma non lo rivela al padre: perché? Ad un certo punto la bambina dice chiaramente qual era "la cosa che odiavo e temevo di più al mondo". Ricerca l'informazione nel testo.

A20. Il testo che hai letto è un testo a carattere:

A. ☐ saggistico

B. ☒ autobiografico

C. ☐ biografico

D. ☐ epistolare

20. AIUTO

Come si chiama un testo che narra la vita di una persona? E se, come in questo caso, l'autrice racconta episodi di una infanzia di cui lei stessa è protagonista? Attenzione! "Epistolare" è un aggettivo che si riferisce ad una lettera o a un insieme di lettere scritte a qualcuno. Ti sembra questo il caso?

Parte prima - TESTO B (testo espositivo)

CARTA CONTRO PIXEL

Uno dei video virali più provocatori caricati su YouTube negli ultimi due anni mostra una bambina di un anno che gioca con un iPad, passando le dita sullo schermo e rimescolando le icone. Nelle scene successive la vediamo «pizzicare» e cercare di far scorrere anche le pagine di una rivista cartacea. Pensa che possano comportarsi come uno schermo. Il video sottolinea i suoi gesti inquadrandoli da vicino.

Secondo il padre della bambina, che ha intitolato il filmato «Una rivista è un iPad che non funziona», le immagini dimostrano la transizione che vive la generazione di sua figlia. Nella descrizione aggiunge: «Ormai le riviste sono inutili e incomprensibili per i nativi digitali», cioè le persone che hanno imparato a interagire con le tecnologie digitali fin dalla prima infanzia e che crescono in un mondo in cui libri e giornali convivono con smartphone, e-reader[1] e iPad.

Il video fa emergere una domanda interessante: in che modo la tecnologia cambia la lettura?

La maggior parte degli studi pubblicati su questo tema ci dice che, come mezzo per la lettura, la carta continua a offrire vantaggi rispetto allo schermo. Esperimenti di laboratorio, sondaggi e rapporti sulle abitudini dei consumatori indicano che gli apparecchi digitali impediscono una navigazione efficiente dei testi lunghi, il che incide negativamente sulle capacità di comprensione. Gli schermi rendono anche più difficile ricordare che cosa abbiamo letto una volta arrivati alla fine. Inoltre gli e-reader non sono in grado di riproporre le sensazioni tattili tipiche della lettura su carta, di cui alcuni sentono la mancanza.

«La lettura ha una sua dimensione fisica», dice Maryanne Wolf, professoressa della Tufts University nota per la sua attività di ricerca nel campo delle scienze cognitive. «Può essere un aspetto più importante di quanto ci piaccia ammettere, mentre barcolliamo, forse senza le dovute riflessioni, verso l'era della lettura digitale. L'ideale sarebbe conservare il meglio delle vecchie forme di lettura, ma sapere quando è il caso di usare quelle nuove».

Per capire le differenze tra lettura su carta e su schermo è necessario spiegare come il cervello umano interpreti la lingua scritta. Sebbene lettere e parole siano simboli che rappresentano suoni e idee, il nostro cervello le considera anche come oggetti fisici. Quando impariamo a leggere e a scrivere iniziamo a riconoscere le lettere in base a linee, curve e spazi vuoti: un processo di apprendimento che richiede l'uso sia degli occhi sia delle mani.
Uno studio recente, effettuato da Karin James, dell'Università dell'Indiana a Bloomington, ha mostrato che nei bambini di cinque anni i circuiti cerebrali dedicati alla lettura si attivano quando provano a scrivere lettere a mano, ma non quando premono i corrispondenti tasti su una tastiera.

Oltre a trattare le lettere come oggetti fisici, è possibile che il cervello percepisca il testo nella sua interezza come una specie di paesaggio materiale. Quando leggiamo costruiamo una rappresentazione mentale del testo, simile, secondo alcuni ricercatori, alle mappe mentali che creiamo per il territorio che ci circonda. Varie prove e studi dimostrano che quando le persone cercano di ritrovare una frase o una scena in un libro spesso ricordano la posizione nella pagina in cui le hanno lette la prima volta.

[1] e-reader: apparecchio elettronico per leggere testi in formato digitale

Il fatto è che, nella maggior parte dei casi, i libri cartacei hanno una topografia più chiara dei testi su uno schermo. Un tascabile aperto ci presenta due domini ben definiti – la pagina sinistra da una parte e quella destra dall'altra – con otto angoli grazie ai quali ci possiamo orientare. Siamo in grado di concentrarci su una singola pagina senza perdere di vista il testo nella sua interezza, e possiamo percepire con le mani lo spessore delle pagine che abbiamo già letto, a sinistra, e di quelle che ci restano da leggere, a destra. Girare le pagine è come lasciare un'impronta dopo l'altra lungo un cammino: è un'azione che ha un certo ritmo e lascia una testimonianza visibile di quanta strada abbiamo fatto. Tutto ciò rende il libro cartaceo più facile da "navigare", e ci aiuta a crearcene una mappa mentale coerente.

Al contrario, la maggior parte dei dispositivi digitali interferisce con la navigazione intuitiva di un testo e ci impedisce di mappare il percorso seguito dalla nostra mente. Chi legge un testo in formato digitale può scorrere con il mouse un flusso di parole senza alcuna interruzione, passare alla pagina successiva con un tocco e sfruttare la funzione di ricerca per individuare al volo una particolare frase. Ma avrà difficoltà a cercare all'interno del testo una scena che ricorda vagamente. Per fare un'analogia, immaginate che cosa succederebbe se Google Maps ci permettesse di percorrere ogni singola via di una città ma non di allargare la prospettiva per vedere la mappa di un intero quartiere. Sebbene gli e-reader e i tablet riproducano l'impaginazione dei libri – a volte con tanto di numeri di pagina, testatine e illustrazioni – uno schermo mostra solo una o due pagine virtuali per volta. Appena passiamo oltre, quelle pagine diventano invisibili. È come se invece di guardarci intorno, mentre ci arrampichiamo su per un sentiero di montagna, vedessimo alberi, pietre e muschi passarci a fianco in una serie di scatti, senza traccia di quello che abbiamo superato e senza alcuna possibilità di vedere ciò che si prospetta più avanti.

(Tratto e adattato da: Ferris Jabr, *Carta contro pixel*, in "Le Scienze", Gennaio 2014)

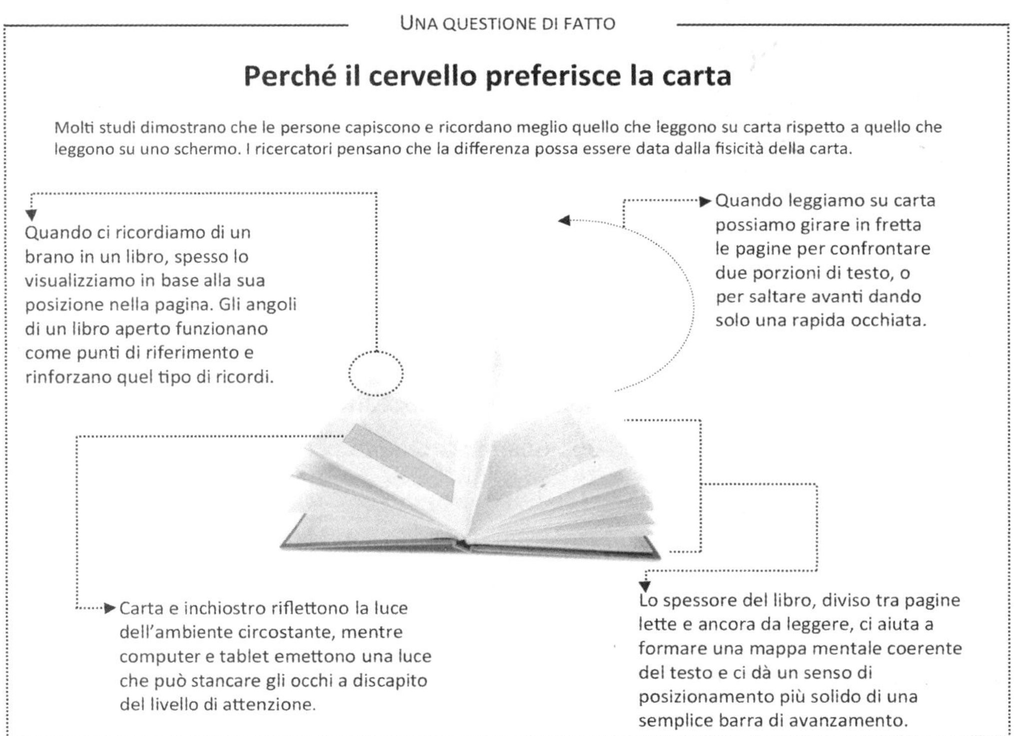

B1. Chi sono i "nativi digitali"? Completa la frase ricopiando le parole del testo.

L'espressione "nativi digitali" indica i bambini piccoli che sanno già usare le tecnologie

> **1. AIUTO**
>
> Il quesito chiede di completare la frase ricopiando esattamente (e non espressioni equivalenti) le parole che seguono l'espressione "nativi digitali" che si trova nelle prime righe del testo.

B2. Perché la bambina ripresa nel video si trova in una situazione di transizione?

A. ☐ Perché nella prima infanzia ogni bambino attraversa un periodo di passaggio dalle immagini alle parole scritte

B. ☒ Perché la generazione della bambina si trova in una fase di passaggio tra due modalità di lettura

C. ☐ Perché la bambina passa dall'iPad alle riviste cartacee

D. ☐ Perché la bambina sfoglia la rivista come se fosse un iPad

> **2. AIUTO**
>
> Un sinonimo di "transizione" potrebbe essere "passaggio"; in effetti il testo induce a riflettere sulla situazione di molti bambini che devono confrontarsi con oggetti molto diversi tra loro che impongono un diverso approccio alla lettura.

B3. Alla riga 15 si legge "il che incide negativamente sulle capacità di comprensione". A quale frase si riferisce "il che"? Ricopiala.

Gli apparecchi digitali impediscono una navigazione efficente dei testi lunghi

> **3. AIUTO**
>
> Per rispondere correttamente al quesito, ricopiando la frase richiesta, il suggerimento è quello di leggere non solo la riga 15 ma anche quelle appena precedenti in quanto "il che" si riferisce a qualcosa che è già stato detto.

B4. Varie parole nel testo appartengono al campo semantico "lettura su carta" (ad esempio: libro, inchiostro…) e altre appartengono al campo semantico "lettura su schermo" (ad esempio: pixel, icona…). Nel testo da riga 37 a 45, un verbo che appartiene al campo della lettura su schermo viene però usato in riferimento alla lettura su carta. Quale verbo?

navigare

> **4. AIUTO**
>
> Rileggi con attenzione le righe 37-45, troverai facilmente questo verbo tipico del linguaggio digitale riferito stranamente al modo della carta: per questo motivo la forma verbale è posta tra virgolette.

B5. Il verbo "barcolliamo" nella frase "mentre barcolliamo … verso l'era della lettura digitale" (righe 21-22) ha un valore figurato e significa:

A. ☐ ci avviamo senza preparazione
B. ☐ siamo spinti contro la nostra volontà
C. ☐ procediamo sicuri delle nostre conoscenze
D. ☒ avanziamo fra dubbi e incertezze

5. AIUTO

"Barcollare" è un verbo che viene utilizzato generalmente per indicare un modo di camminare assai oscillante e ondeggiante, come potrebbe essere ad esempio il passo instabile di un ubriaco. In questo caso ha un valore figurato poiché indica le difficoltà e le incertezze tipiche di un momento di passaggio come quello descritto dal testo.

B6. Il testo e la figura mettono a confronto la lettura su carta e la lettura su schermo. Indica se le affermazioni sotto elencate si riferiscono alla lettura su carta, alla lettura su schermo o a tutte e due.

6. AIUTO

Le quattro affermazioni (a, b, c, d) sono rintracciabili in diversi punti del testo, pertanto consigliamo una modalità d'approccio al quesito in due fasi:

1. Rilettura veloce del brano
2. Lettura di ogni singola affermazione e ricerca nel testo del giusto riferimento (lettura su carta, lettura su schermo o tutte e due).

Metti una crocetta per ogni riga.

L'affermazione si riferisce a…	**lettura su carta**	**lettura su schermo**	**tutte e due**
a. La comprensione del testo nel suo insieme è resa più facile	☒	☐	☐
b. Si ricorda meglio ciò che si è letto	☒	☒	☐
c. La lettura procede da una pagina alla successiva	☒	☐	☒
d. La vista si affatica di più	☐	☒	☐

B7. Perché è importante che i bambini imparino a scrivere a mano e non utilizzando una tastiera?

……………………………………………………………………
……………………………………………………………………
……………………………………………………………………

7. AIUTO

L'autore si esprime chiaramente a favore dell'apprendimento della scrittura a mano e non con la tastiera. Egli riporta i risultati di un recente studio sui bambini di cinque anni di Karin James dell'Università dell'Indiana: cosa mostra questa ricerca?

B8. Alcune caratteristiche del libro cartaceo, come sostengono alcuni ricercatori, hanno uno stretto legame con le operazioni che la nostra mente compie leggendo. Tenendo conto delle informazioni date dalla figura, collega gli elementi della colonna di sinistra con quelli della colonna di destra.

Attenzione: nella colonna di destra c'è un elemento in più.

8. AIUTO

Il quesito induce a riflettere sulle caratteristiche del testo cartaceo. Le informazioni sono rintracciabili nel testo ma potrebbe esserti utile anche la lettura della sezione conclusiva (**Perché il cervello preferisce la carta**). Fai attenzione durante lo svolgimento dell'esercizio: nella colonna di destra è presente un'operazione mentale cui non corrisponde nessuna caratteristica del libro cartaceo.

Caratteristiche del libro cartaceo	
spessore delle pagine già lette e ancora da leggere	**A.**
posizione di una frase o di un brano rispetto ai punti di riferimento dati dagli angoli delle pagine	**B.**
carta e parole stampate riflettono la luce	**C.**
pagine sfogliabili in fretta e consultabili contemporaneamente	**D.**

Operazioni mentali	
1.	mantenere l'attenzione
2.	confrontare due parti del testo
3.	individuare il punto in cui ci si trova rispetto a tutto il libro
4.	fare previsioni sul contenuto delle pagine successive
5.	ricordare una parte specifica di testo

B9. Nel testo sono espressi punti di vista diversi riguardo alla lettura su schermo paragonata alla lettura su carta. Completa le tre frasi che seguono, ognuna relativa a un diverso punto di vista. Inserisci le parole appropriate negli spazi vuoti, scegliendole dagli elenchi sottostanti ciascuna frase. (Attenzione: in ogni elenco ci sono delle parole in più).

9. AIUTO

Ognuna delle tre frasi (B9.1, B9.2, B9.3), deve essere completata con 4 parole mentre l'elenco sottostante ne propone 7, pertanto ci sono 3 parole "intruse" per ogni frase. Prova a inserire le parole fino ad ottenere frasi di senso compiuto che indicano i diversi punti di vista sul tema della lettura cartacea o digitale.

B9.1 Libri e riviste sono destinati a .... (1) perché per le nuove .... (2) la lettura su .... (3) verrà soppiantata dalla lettura su .... (4).

generazioni / convivere / schermo / scomparire / pubblicazioni / carta / diffondersi

B9.2 Si dovrebbero conservare .... (1) le forme di lettura: l'importante è .... (2) quando .... (3) l'una e .... (4) l'altra.

come / quando / usare / accuratamente / sapere / entrambe / comunque

B9.3 In base ai .... (1) di vari studi, si può sostenere che la lettura su .... (2) ha limiti per ora .... (3) perché non consente al lettore di formarsi una rappresentazione mentale .... (4) del testo.

progressi / coerente / carta / invalicabili / risultati / schermo/ insuperati

B10. L'espressione "fare un'analogia" alle righe 50-51 significa:

A. ☐ fare una citazione
B. ☐ fare una previsione
C. ☒ fare un paragone
D. ☐ fare una analisi

10. AIUTO

L'analogia (una ricerca con Google Maps) serve all'autore per spiegare meglio un concetto appena espresso: cosa significa quindi "fare un'analogia"?

B11. Perché nel testo ci sono diversi termini in lingua inglese?

A. ☐ Perché indicano prodotti utilizzati prevalentemente nei Paesi dove si parla l'inglese
B. ☐ Perché l'uso di termini in lingua inglese è una moda diffusa tra i giovani
C. ☐ Perché il lessico della lingua italiana è meno ricco di quello della lingua inglese
D. ☒ Perché indicano tecnologie sviluppate originariamente negli Stati Uniti

11. AIUTO

Nel testo si parla ad esempio di e-reader (nota 1) oppure di smartphone o iPad. Questi termini inglesi indicano oggetti tecnologici originari di una specifica area geografica: quale? L'informazione non è contenuta nel testo ma è facilmente intuibile.

B12. Quale conclusione può trarre il lettore da questo testo?

A. ☒ La lettura mediante dispositivi digitali non può sostituire in ogni occasione la lettura su carta
B. ☐ L'uso di dispositivi digitali favorisce l'apprendimento della lettura e della scrittura nei bambini
C. ☐ iPad e tablet facilitano la lettura e così favoriscono la diffusione della cultura
D. ☐ I giovani preferiscono la lettura su schermo, gli anziani quella su carta

12. AIUTO

Il quesito richiede una valutazione complessiva del testo: quali conclusioni può trarne il lettore? Due possibili risposte (B e C) indicano la superiorità dei dispositivi digitali nei processi di apprendimento e nella diffusione della cultura. Ti sembra che l'autore si sbilanci in tal senso? Si parla chiaramente delle diverse abitudini di giovani e anziani?

B13. Il testo è intitolato "Carta contro pixel". Quale altro titolo sarebbe adatto per sintetizzare il senso del testo?

A. ☐ Abbasso la carta, avanti i pixel!
B. ☒ Nuove tecnologie: la lettura prende il volo
C. ☐ Non buttiamo a mare il vecchio per il nuovo!
D. ☐ Carta o schermo? Non c'è differenza

13. AIUTO

Il senso del testo può essere riassunto da uno di questi quattro titoli. Da un'attenta lettura appare chiaro come siano numerose le differenze tra carta e schermo mentre in più punti l'utilizzo della carta si è mostrato positivo per la lettura e l'apprendimento. Di fronte all'avanzata dei "pixel", la carta sembra così superata?

Parte seconda

RIFLESSIONE SULLA LINGUA

C1. Il testo che segue è stato scritto senza accenti e senza apostrofi.

"Quel ragazzo non sta mai fermo, si muove un po troppo, corre su e giu, di qua e di la; non da mai segni di stanchezza..."

Nella tabella che segue sono riportate alcune delle parole usate nel testo. Indica se, nel testo che hai letto, queste parole andavano scritte con l'accento, con l'apostrofo, oppure senza alcun segno grafico.

Metti una crocetta per ogni riga.

Parole	Accento	Apostrofo	Né accento né apostrofo
a) sta	☐	☐	☒
b) po	☒	☒	☐
c) su	☐	☐	☒
d) giu	☒	☐	☐
e) qua	☐	☐	☒
f) la	☒	☐	☐
g) da	☒	☐	☐

1. AIUTO

Attento: gli apostrofi indicano la caduta di una sillaba o di una vocale. Quindi devi inserire l'apostrofo dove registri una caduta di una sillaba (un caso); l'accento nei monosillabi viene inserito dove la stessa forma ha due significati (ad es. "da" può essere sia verbo – voce del verbo dare – che preposizione, "la" può essere sia articolo femminile che avverbio); l'accento viene poi usato per indicare l'accento che cade sulla sillaba finale dei polisillabi. Devi accentare tre parole della tabella, mentre tre parole non vogliono né accento né apostrofo.

C2. In quale delle seguenti frasi la parola sottolineata ha la funzione di avverbio?

A. ☐ Vorrei sapere <u>quanti</u> ragazzi verranno alla festa.
B. ☐ <u>Quello</u> è il mio libro.
C. ☐ <u>Alcuni</u> non hanno capito il problema.
D. ☒ Questa storia mi piace <u>poco</u>.

2. AIUTO

Ricorda: l'avverbio è una parte invariabile del discorso, quindi non ha maschile-femminile, singolare-plurale. Individua quale tra le parole sottolineate è invariabile.

C3. Osserva le seguenti coppie di parole composte e indica in quale di esse le due parole sono formate da una preposizione + un nome.

A. ☐ scolapasta, crocevia
B. ☐ cartapesta, camposanto
C. ☐ agrodolce, verdeazzurro
D. ☒ dopoguerra, sottaceto

3. AIUTO

Devi individuare in quale coppia di parole c'è una preposizione seguita da un nome (ricorda che ci sono preposizioni semplici, articolate ed improprie).

C4. Qual è il soggetto delle frasi che seguono? Scrivilo vicino ad ognuna. Attenzione: scrivi il soggetto anche quando è sottinteso.

> **4. AIUTO**
>
> Ricorda che il soggetto è l'elemento della frase a cui si riferisce il predicato, con il quale concorda nel numero, nella persona e nel genere. Quindi devi cercare il vocabolo che concorda in numero e genere col verbo. Attento: 1) il soggetto non è MAI preceduto da preposizione. 2) In alcune frasi i soggetti possono essere sottintesi.

a) L'hai avuto l'invito? ..Tu..

b) A lei non piace la verdura. ..Verdura..

c) Dove l'avete messa la mia cartella? ..Voi..

d) Il mio libro l'hai preso tu? ..tu..

e) Vi interessa questo spettacolo? ..spettacolo..

f) Correvano tutti verso la piazza. ..Tutti..

C5. Nel breve testo che segue ci sono quattro parole che oggi si usano in forma diversa: sottolineale.

Attenzione: devi sottolineare SOLO le quattro parole richieste.

> **5. AIUTO**
>
> Cerca le parole che oggi sono in disuso perché l'evoluzione della lingua ne ha cambiato la forma.

"Un giovine signore, alto, di fisico proporzionato e portato alla tristizia, era legato da un forte sentimento di amistà a un poeta famoso. Benché non si vedessero frequentemente, più passava il tempo, più il loro legame, invece di spegnersi, si riscopriva novo ..."

C6. Scrivi nello spazio vuoto la preposizione mancante.

> **6. AIUTO**
>
> Devi ragionare su quali preposizioni reggono i verbi, gli aggettivi e gli avverbi che nelle frasi date precedono le preposizioni che devi inserire.

a) L'intera regione si rifornisce ...di........ energia elettrica dalla centrale di Cerano.

b) Non si può contare ...sulla.. sua discrezione.

c) Luca mi pare propenso ....a....... partecipare alla gara.

d) La pioggia ci costringe ......a..... restare a casa.

e) Diversamente .....da.... quello che pensavo, i pipistrelli sono mammiferi.

C7. In quale delle seguenti frasi la parola sottolineata introduce una interrogativa indiretta?

> **7. AIUTO**
>
> La proposizione interrogativa indiretta contiene una domanda. Devi quindi cercare con attenzione quale di queste quattro frasi contiene una domanda indiretta.

A. ☒ Non so <u>se</u> arriveremo in tempo.

B. ☐ Non <u>se</u> ne sono nemmeno accorti.

C. ☐ Accetto la proposta senza <u>se</u> e senza ma.

D. ☒ <u>Se</u> sapesse che cosa fare lo farebbe.

C8. In quale delle seguenti frasi c'è una espressione polirematica (cioè un gruppo di parole con un significato unitario, ad es.: *asilo nido, vasca da bagno*)?

A. ☐ La ruota della bicicletta era deformata e allora l'ho sostituita con una nuova.
B. ☐ Ieri durante la cena a casa di amici è arrivato all'improvviso mio cugino Francesco.
C. ☐ Guarda che le decisioni sulle vacanze dobbiamo prenderle assieme!
D. ☒ A Carnevale le strade si colorano di stelle filanti e di coriandoli.

8. AIUTO

L'espressione polirematica è un gruppo di due o più parole che assume un significato particolare. Cerca la frase in cui è contenuta questa espressione.

C9. Leggi il seguente periodo.

"Quando ci siamo incontrati mi hai detto che mi avresti telefonato, ma poi non l'hai fatto e così, dato che non avevo più tue notizie, mi sono preoccupata".

Quante frasi ci sono in tutto?

...........6...........

9. AIUTO

Generalmente ogni verbo costituisce una frase (tranne i casi di verbi servili o fraseologici), quindi per trovare la risposta sottolinea i verbi e dividi le frasi. Quanti sono?

C10. Nel breve brano che segue sono state eliminate alcune congiunzioni. Inserisci negli spazi vuoti la congiunzione appropriata scegliendola tra quelle proposte.

Attenzione: utilizza le parole della lista una volta sola; nella lista ci sono congiunzioni che non servono.

10. AIUTO

Puoi aiutarti a trovare le giuste congiunzioni, inserendole nel testo e vedendo se la frase "funziona". Stai attento alle due indicazioni date: ogni congiunzione può essere inserita una sola volta e, ovviamente, non devi usare tutte le congiunzioni.

ma / bensì / oppure / ovvero / altrimenti / perciò / però

La proboscide degli elefanti la conoscono tutti; non tutti sanno, ...però... (1), quel che può fare. È come un braccio possente terminante in una mano prensile, ...ma... (2) rimane pur sempre un naso, e ...perciò... (3) svolge anche la primigenia funzione olfattiva e respiratoria.

Il mio risultato:		**Ho trovato la prova:**
Prova di comprensione del testo A	**.../20**	☐ Difficile
Prova di comprensione del testo B	**.../13**	☐ Più semplice di quanto pensassi
Prova sulle conoscenze grammaticali	**.../10**	☐ Adeguata alle mie aspettative e capacità
Punteggio totale	**.../43**	☐ Altro ....

Nella seguente sezione, dedicata alla comprensione della lingua, leggi attentamente i due testi e poi rispondi alle domande che troverai dopo i brani. Accanto a ogni domanda troverai dei suggerimenti per rispondere correttamente.

Prova n. 5

Parte prima - TESTO A (testo narrativo)

LA DELUSIONE DI PIN

Pin non sente più niente: ormai è sicuro che non darà loro la pistola; ha i lucciconi agli occhi e una rabbia gli stringe le gengive. I grandi sono una razza ambigua e traditrice, non hanno quella serietà terribile nei giochi propria dei ragazzi, pure hanno anch'essi i loro giochi, sempre più seri, un gioco dentro l'altro che non si riesce mai a capire qual è il gioco vero. Ben, cantacene un po' una, Pin, - dicono adesso, come se nulla fosse successo, come se non ci fosse stato un patto severissimo tra lui e loro, un patto consacrato da una parola misteriosa: *gap*.

- Alè - fa Pin, con le labbra che gli tremano, pallido. Sa che non può cantare. Vorrebbe piangere, invece scoppia in uno strillo che schioda i timpani e finisce in uno scatenio d'improperi. [...] Gli altri stanno a guardare cosa gli è preso, ma Pin è già scappato dall'osteria.

Fuori, il primo impulso sarebbe di cercare quell'uomo, quello che chiamano «Comitato» e dargli la pistola: ora è l'unica persona che Pin sente di rispettare, anche se prima, così zitto e serio, gli ispirava diffidenza. Ma adesso è l'unico che potrebbe comprenderlo, ammirarlo per il suo gesto, e forse lo prenderebbe con sé a far la guerra contro i tedeschi, loro due soli, armati di pistola, appostati agli angoli delle vie. Ma Comitato chissà dov'è adesso: non si può chiedere in giro, nessuno l'aveva mai visto prima.

La pistola rimane a Pin e Pin non la darà a nessuno e non dirà a nessuno che l'ha. Solo farà capire che è dotato d'una forza terribile e tutti lo obbediranno. Chi ha una pistola vera dovrebbe fare dei giochi meravigliosi, dei giochi che nessun ragazzo ha fatto mai, ma Pin è un ragazzo che non sa giocare, che non sa prender parte ai giochi né dei grandi né dei ragazzi. Pure adesso Pin andrà lontano da tutti e giocherà tutto solo con la sua pistola, farà giochi che nessun altro conosce e nessun altro potrà mai sapere.

È notte: Pin ha scantonato fuori dal mucchio delle vecchie case, per le stradine che vanno tra orti e scoscendimenti ingombri di immondizie. Nel buio le reti metalliche che cintano i semenzai gettano una maglia d'ombre sulla terra grigio-lunare; le galline ora dormono in fila sui pali dei pollai e le rane sono tutte fuor d'acqua e fanno cori per tutto il torrente, dalla sorgente alla foce. Chissà cosa succederebbe a sparare a una rana: forse resterebbe solo una bava verde schizzata su qualche pietra.

Pin va per i sentieri che girano intorno al torrente, posti scoscesi dove nessuno coltiva. Ci sono strade che lui solo conosce e che gli altri ragazzi si struggerebbero di sapere: un posto, c'è, dove fanno il nido i ragni, e solo Pin lo sa ed è l'unico in tutta la vallata, forse in tutta la regione: mai nessun ragazzo ha saputo di ragni che facciano il nido, tranne Pin.

Forse un giorno Pin troverà un amico, un vero amico, che capisca e che si possa capire, e allora a quello, solo a quello, mostrerà il posto delle tane dei ragni. È una scorciatoia sassosa che scende al torrente tra due pareti di terra ed erba. Lì, tra l'erba, i ragni fanno delle tane, dei tunnel tappezzati d'un cemento d'erba secca; ma la cosa meravigliosa è che le tane hanno una porticina, pure di quella poltiglia secca d'erba, una porticina tonda che si può aprire e chiudere.

Quando ha fatto qualche grosso dispetto e a furia di ridere il petto gli si è riempito d'una tristezza opaca, Pin vaga tutto solo per i sentieri del fossato e cerca il posto dove fanno la tana i ragni. Con uno stecco lungo si può arrivare fino in fondo ad una tana, e infilzare il ragno, un piccolo ragno nero, con dei disegnini grigi come sui vestiti d'estate delle vecchie bigotte.

Pin si diverte a disfare le porte delle tane e a infilzare i ragni sugli stecchi, anche a prendere i grilli e a guardarli da vicino sulla loro assurda faccia di cavallo verde, e poi tagliarli a pezzi e fare strani mosaici con le zampe su una pietra liscia.

Pin è cattivo con le bestie: sono esseri mostruosi e incomprensibili come gli uomini; dev'essere brutto essere una piccola bestia, cioè essere verde e fare la cacca a gocce, e aver sempre paura che venga un essere umano come lui, con una enorme faccia piena d'efelidi rosse e nere e con dita capaci di fare a pezzi i grilli.

Ora Pin è solo tra le tane dei ragni e la notte è infinita intorno a lui come il coro delle rane. È solo ma ha la pistola con sé [...] I ragni sotterranei in quel momento rodono vermi o si accoppiano i maschi con le femmine emettendo fili di bava: sono esseri schifosi come gli uomini, e Pin infila la canna della pistola nell'imboccatura della tana con una voglia di ucciderli. Chissà cosa succederebbe se partisse un colpo, le case sono distanti e nessuno capirebbe da dove viene. Poi spesso i tedeschi e quelli della milizia sparano la notte addosso a chi gira nel coprifuoco.

Pin ha il dito sul grilletto, con la pistola puntata nella tana di un ragno: resistere alla voglia di schiacciare il grilletto è difficile, ma certo la pistola è in sicurezza e Pin non sa come si toglie.

A un tratto lo sparo parte così d'improvviso che Pin non se n'è nemmeno accorto d'aver schiacciato: la pistola fa un balzo indietro nella sua mano, fumante e tutta sporca di terra. Il tunnel della tana è crollato, sopra ci scende una piccola frana di terriccio e l'erba intorno è strinata.

(tratto da I. Calvino, *Il sentiero dei nidi di ragno*)

A1. Nella parte iniziale del brano che hai letto viene detto che:

A. ☐ Pin ha rubato una pistola a Comitato
B. ☐ Pin non è riuscito a rubare una pistola
C. ☐ Pin ha rubato una pistola a un marinaio tedesco
D. ☒ Pin ha rubato una pistola, ma non era quella giusta

1. AIUTO

La risposta al quesito non è contenuta esplicitamente nel testo, ma può essere ricavata: Pin è convinto di essere riuscito nell'impresa, ma dal testo si capisce che non è stato preso sul serio dai partigiani. Quindi… a chi può aver sottratto la pistola, che è inizialmente in dubbio se affidare o meno a Comitato?

A2. Indica quali dei seguenti aggettivi sono riferiti a Pin e quali no.
Metti una crocetta per ogni riga.

> **2. AIUTO**
> Per rispondere occorre ricercare le informazioni nel testo: alcuni aggettivi sono attribuiti direttamente a Pin, altri possono essergli riconosciuti a partire dalle descrizioni contenute nel brano.

		Sì	No
a.	Arrabbiato	X	
b.	Indifferente agli adulti		X
c.	Pallido	X	
d.	Cattivo con le bestie	X	
e.	Malizioso		X

A3. Che cosa si diverte a fare Pin coi ragni?
Indica l'azione e la riga in cui è espressa.

41; a pin diverte
di fare le porte delle tane
e infilzare i ragni

> **3. AIUTO**
> L'informazione è contenuta esplicitamente nel testo, circa a metà. Vai a vedere.

A4. Alla riga 1 si dice: "Pin [...] ha i lucciconi agli occhi e una rabbia che gli stringe le gengive". Che cosa significa la parola "lucciconi"?

A. ☐ Il colare del naso
B. ☐ Un'infiammazione degli occhi
C. ☒ Le lacrime che precedono l'inizio del pianto
D. ☐ Un tipo particolare di occhiali

> **4. AIUTO**
> Anche se non conosci il significato della parola, lo puoi ricavare da una lettura attenta della frase e dal contesto in cui è inserita.

A5. Pin ci tiene ad avere con sé la pistola perché:

A. ☐ l'ha rubata lui
B. ☒ lo fa sentire forte
C. ☐ gli permette di entrare nel gruppo dei partigiani
D. ☐ potrà mostrarla a tutti

> **5. AIUTO**
> Solo una delle risposte è contenuta nel testo. Vai a rintracciarla (nella prima metà del brano).

A6. Pin si dimostra crudele coi ragni perché:

A. ☒ sono esseri mostruosi e incomprensibili
B. ☐ è arrabbiato con gli uomini
C. ☐ gli danno molto fastidio
D. ☐ hanno invaso il suo nascondiglio segreto

6. AIUTO

Anche in questo caso, devi rintracciare l'informazione che è riportata nella seconda parte del brano.

A7. L'espressione "a furia di ridere il petto gli si è riempito di una tristezza opaca" (righe 37-38) significa:

A. ☐ la tristezza ha reso opaco il petto di Pin
B. ☐ la tristezza fa ridere Pin
C. ☐ il riso rende Pin indefinito
D. ☒ il lungo riso rende Pin triste, ma senza un particolare motivo

7. AIUTO

L'espressione è una creazione originale di Calvino; il buon senso ti dovrebbe però guidare a capire che solo una delle risposte è accettabile, le altre non hanno significato, soprattutto se considerate all'interno di ciò che si sta narrando.

A8. I nidi dei ragni sono:

A. ☒ tunnel tappezzati d'un cemento d'erba secca
B. ☐ le abitazioni dei ragni, simili a nidi d'uccelli
C. ☐ dei nidi dalla forma particolare, che ricorda il corpo del ragno
D. ☐ i covi dei partigiani

8. AIUTO

Solo una delle definizioni viene usata da Calvino per indicare cosa intende per "nidi di ragno", cercala circa a metà del testo.

A9. Quale dei seguenti aggettivi <u>non</u> è sinonimo di "bigotta" (riga 40)?

A. ☐ Moralista
B. ☐ Religiosa
C. ☒ Obesa
D. ☐ Pia

9. AIUTO

Anche se non conosci il significato del termine, ti può essere d'aiuto il ragionamento: tre parole riguardano lo stesso ambito, mentre la quarta non c'entra nulla. Sarà questa la parola che non è sinonimo, visto che i sinonimi devono appartenere allo stesso ambito.

A10. La pistola è descritta verso la fine del testo come:

A. ☐ bloccata
B. ☒ in sicurezza
C. ☐ guasta
D. ☐ priva di polvere da sparo

10. AIUTO

Anche in questo caso, devi rintracciare l'informazione che è riportata nel brano.

A11. Perché può essere pericoloso che Pin faccia partire un colpo?

A. ☐ Perché potrebbe creare allarme
B. ☐ Perché potrebbe provocare dei crolli nel terreno
C. ☐ Perché potrebbe uccidere qualcuno
D. ☒ Perché può attirare l'attenzione dei tedeschi

11. AIUTO

La risposta al quesito non è contenuta esplicitamente nel testo, ma può essere ricavata da un'espressione usata da Calvino.

A12. Dal testo si può ricavare che la notte:

A. ☐ è silenziosa
B. ☐ risuona in lontananza per gli spari
C. ☒ risuona per i cori delle rane
D. ☐ è molto concitata

12. AIUTO

Solo una delle espressioni è riportata nel brano come caratteristica della notte di Pin.

A13. Qual è la causa della rabbia di Pin?

A. ☐ Gli adulti gli hanno chiesto di cantare
B. ☒ Gli adulti non si sono dimostrati seri con lui
C. ☐ La pistola non funziona
D. ☐ È diventato sordo

13. AIUTO

Dalla lettura delle prime righe del testo puoi rintracciare gli elementi che ti consentono di scegliere la risposta corretta.

A14. Che cosa significa l'espressione "uno strillo che schioda i timpani" (riga 8)?

A. ☐ Uno strillo che schioda le orecchie di chi lo emette
B. ☐ Uno strillo che chiude i timpani di chi lo ode
C. ☒ Uno strillo molto stridulo
D. ☐ Uno strillo che rompe i timpani

14. AIUTO

Alcune delle spiegazioni date sono troppo precise rispetto a quanto si dice nel testo. Scegli quindi la risposta che rispetta di più quello che si dice nel testo.

A15. Che cosa significa il termine "efelidi" (riga 46)?

A. ☒ Lentiggini
B. ☐ Cavallette
C. ☐ Peli
D. ☐ Pidocchi

15. AIUTO

Solo una delle espressioni è accettabile, perché attraverso un'attenta lettura del testo puoi notare che le "efelidi" sono collocate in una parte precisa del corpo di Pin.

A16. La frase "Pin ha scantonato fuori dal mucchio delle vecchie case" (riga 22) significa:

A. ☐ Pin ha trovato una scusa
B. ☒ Pin ha girato l'angolo
C. ☒ Pin si è allontanato di nascosto
D. ☐ Pin è scappato di corsa

16. AIUTO

La lettura della frase e del suo cotesto ti porta ad immaginare la scena e di conseguenza a scegliere l'espressione corretta.

A17. A che cosa fa riferimento per Pin la parola "gap" (riga 6)?

La parola che ha consacrato il patto

17. AIUTO

Nel testo non si dice cosa significa la sigla "gap", ma si dice a che cosa fa riferimento. Quindi rileggi con attenzione l'intero periodo.

A18. Perché il termine «Comitato» (riga 10) è inserito nei segni di interpunzione «...»?

A. ☐ Non è una parola italiana
B. ☐ È un termine colloquiale
C. ☒ È un soprannome
D. ☐ È un vocabolo inventato da Calvino

18. AIUTO

Alcune risposte sono da scartare perché prive di senso, mentre una sola ha significato in relazione al contesto.

A19. Che cosa significa il termine "semenzai" (riga 23)?

A. ☐ Granai
B. ☒ Luoghi in cui si semina
C. ☐ Pollai
D. ☐ Terreni incolti

19. AIUTO

Se non conosci il significato del termine, devi ragionare a partire dall'etimologia: da quale termine può derivare la parola "semenzai"?

A20. Il brano si concentra sulla:

A. ☒ narrazione dei fatti
B. ☐ descrizione dell'ambiente
C. ☒ riflessione sui problemi della società italiana del tempo
D. ☐ presentazione dei rapporti tra Pin e i suoi pari

20. AIUTO

Dopo aver letto ed esaminato attentamente il testo per rispondere a tutti i quesiti sei sicuramente in grado di rispondere a questo quesito perché hai ben chiaro quale aspetto predomina nel brano.

Parte prima - TESTO B (testo non continuo)

LE PREVISIONI DEL TEMPO

SOLE
NUVOLO
COPERTO
PIOGGIA
ROVESCI
TEMPORALI
NEVE
NEBBIA

VENTO

DEBOLE forza 0/3
MODERATO forza 4/5
FORTE forza 6/7
MOLTO FORTE forza 8/9

MARE

CALMO poco mosso
MOSSO molto mosso
AGITATO molto agitato

TEMPERATURE

31	Aosta	27	Genova	32	Roma	25	R. Calabria
30	Torino	32	Bologna	23	Campobasso	25	Catania
30	Milano	34	Firenze	28	Napoli	24	Palermo
33	Trento	29	Perugia	24	Bari	28	Alghero
27	Venezia	25	Ancona	25	Potenza	29	Cagliari
27	Trieste	26	L'Aquila	23	Catanzaro	30	Olbia

IL SOLE

	Sorge alle	Tramonta alle
BA	05:19	20:24
PA	05:43	20:29
BO	05:29	20:58
FI	05:32	20:56
TO	05:41	21:15
NA	05:30	20:34
RM	05:34	20:44
MI	05:34	21:11
GE	05:39	21:08
VE	05:21	20:58

LA LUNA

17 GIUGNO Ultimo Quarto
24 GIUGNO Nuova
1 LUGLIO Primo Quarto
9 LUGLIO Piena

DOMANI

MARTEDÌ

MERCOLEDÌ

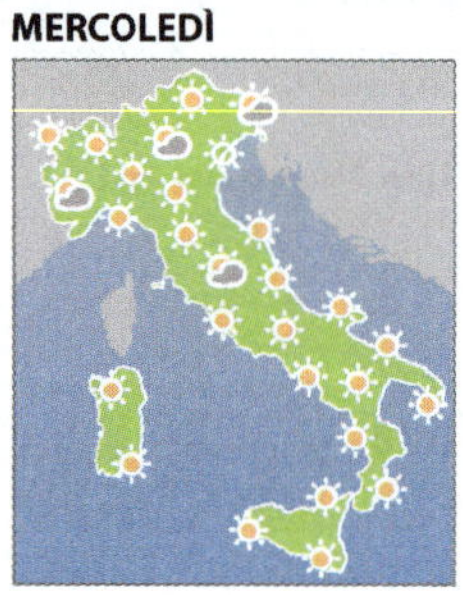

GIOVEDÌ

L'alta pressione sta gradualmente avanzando da Ovest dando il via a una fase di tempo stabile e soleggiato su tutta Italia. Solo oggi è atteso qualche breve fenomeno tra Puglia, Basilicata, Campania e Calabria. Temperature in ulteriore aumento con punte massime vicine ai 34-36°, specie al Nord.

LE TEMPERATURE DI IERI IN ITALIA

	min	max			min	max			min	max			min	max			min	max	
Alghero	18	27	S	Cagliari	17	26	S	Imperia	20	27	S	Palermo	19	24	S	Roma	19	30	N
Ancona	19	24	S	Campobasso	16	27	N	L'Aquila	12	27	N	Parma	18	32	S	Torino	17	30	S
Aosta	15	31	S	Catania	18	26	N	Lecce	16	30	N	Perugia	19	29	S	Trento	15	32	S
Bari	18	26	S	Crotone	18	27	N	Messina	20	26	N	Pescara	18	24	S	Trieste	19	25	S
Bologna	18	31	S	Cuneo	16	29	S	Milano	19	30	S	Pisa	16	26	S	Udine	16	30	N
Bolzano	17	32	S	Firenze	15	30	S	Napoli	20	27	N	Potenza	15	27	P	Venezia	17	27	S
Brescia	17	30	S	Genova	21	26	S	Olbia	16	28	S	R.Calabria	20	27	N	Verona	15	31	S

LE TEMPERATURE DI IERI ALL'ESTERO

	min	max			min	max			min	max			min	max			min	max	
Amsterdam	12	23	C	Berlino	11	22	N	Istanbul	12	23	N	Madrid	18	35	S	Parigi	12	24	N
Atene	18	28	N	Bruxelles	10	23	P	Londra	12	22	C	Mosca	12	19	P	Vienna	12	22	N

S=Sereno P=Pioggia N=Nuvoloso T=Temporale C=Coperto V=Neve R=Rovesci B=Nebbia

IN EUROPA

Un robusto e caldo promontorio anticiclonico si allunga dal Nord Africa sin verso l'Europa centrale portando bel tempo e clima estivo tra Penisola Iberica, Francia, Area alpina, Italia e Stati danubiani occidentali, con punte vicine ai 40°C in Spagna, 35°C su Portogallo e Francia.

Sul bordo settentrionale agisce una depressione, con fulcro a Ovest della Scozia, foriera di maltempo sulle isole britanniche nonché piogge anche tra Scandinavia, Stati baltici e medio-alta Russia. Nel contempo correnti instabili discendono lungo il bordo orientale dell'anticiclone portando nubi e fenomeni sparsi anche su Stati danubiani orientali, centro Est Balcani, Ucraina, Russia meridionale e area caucasica.

B1. Osservando la cartina d'Italia intitolata "OGGI – LE PREVISIONI", indica se le seguenti affermazioni sono vere o false.

1. AIUTO

Per verificare se le affermazioni sono vere o false, devi guardare con attenzione la legenda della cartina e i vari simboli riportati nella carta stessa.

	Vero	Falso
a. In Calabria sono previsti rovesci.	X	
b. Sulle Alpi il cielo sarà nuvoloso.		X
c. A Torino è previsto vento forte.		X
d. Il cielo nel nord Italia sarà perturbato.		X
e. In Sicilia il cielo sarà prevalentemente sereno.	X	
f. In molte regioni sono previste piogge e temporali.		X
g. Nell'Adriatico il mare sarà mosso, mentre sulla costa tirrenica sarà calmo.	X	
h. Nel centro Italia si svilupperà qualche nuvola.	X	

B2. Il prossimo giorno di luna piena sarà:

A. ☐ 17 giugno
B. ☐ 24 giugno
C. ☐ 1 luglio
D. ☒ 9 luglio

2. AIUTO

Cerca la tabella in cui sono riportate le informazioni relative alla luna e guarda in che giorno sarà piena.

B3. In quale di queste città il sole sorge prima?

A. ☒ Bari 5:19
B. ☐ Venezia 5:21
C. ☐ Torino 5:41
D. ☐ Firenze 5:32

3. AIUTO

Anche in questo caso devi cercare la tabella con gli orari in cui sorge il sole e verificare in quale tra le città riportate il sole sorge prima.

B4. Il tempo in Italia, nei giorni successivi alle previsioni, sarà:

A. ☐ in peggioramento
B. ☒ in miglioramento
C. ☐ stazionario
D. ☐ non è comunicato

4. AIUTO

In questo caso devi guardare le carte relative al meteo nei giorni successivi e verificare che condizioni meteo sono previste per il nostro paese (osserva con attenzione i vari simboli).

B5. Secondo le previsioni quale tra le seguenti città avrà la temperatura più elevata?

A. ☒ Bologna
B. ☐ Aosta
C. ☒ Bolzano
D. ☐ Milano

5. AIUTO

Per rispondere a questo quesito devi invece fare riferimento alla tabella delle temperature odierne che è riportata sotto la carta delle previsioni e confrontare le temperature dele varie città.

B6. Che cosa significa il termine "depressione" riportato nel testo?

abbassamento pressione
atmosferica

6. AIUTO

Il termine depressione è contenuto nel testo "In Europa". Se non ne conosci il significato prova a ricavarlo leggendo il vocabolo nel contesto.

B7. Dalla tabella "LE TEMPERATURE DI IERI IN ITALIA" emerge che:

7. AIUTO

In questo caso devi invece fare riferimento alla tabella "Le temperature di ieri in Italia", osserva bene le minime e le massime e troverai le risposte.

	Vero	Falso
a. A Trento la temperatura minima è stata più bassa che a Bolzano.	X	
b. A Potenza ha piovuto.	X	X
c. In 27 delle città riportate il cielo era sereno. 23		X
d. La temperatura minima più bassa è stata registrata a L'Aquila.	X	
e. La temperatura massima più alta registrata è di 31°. 32		X
f. Ad Aosta ha fatto più caldo che a Parma.		X

B8. Quale città europea ha riportato la temperatura minima più bassa?

A. ☐ Madrid
B. ☒ Bruxelles
C. ☐ Londra
D. ☐ Berlino

8. AIUTO

Per trovare questa informazione devi confrontare i dati riportati nella tabella "Le temperature di ieri all'estero".

B9. Nel testo si parla di una perturbazione a:

A. ☒ nord-ovest
B. ☐ nord-est
C. ☐ sud-ovest
D. ☐ sud-est

9. AIUTO

I testi presenti sono due; l'informazione che cerchi è contenuta in quello intitolato "in Europa"; guarda anche la carta dell'Europa per trovare l'informazione che cerchi.

B10. Quando tramonta il sole a Venezia?

Tramonta alle 20:58

10. AIUTO

Per questa informazione fai di nuovo riferimento alla tabella relativa al sole.

B11. Che cosa significa il termine "promontorio anticiclonico"?

Zona di alta pressione

11. AIUTO

Questa è forse la richiesta più difficile di questa prova. Il termine è contenuto anche in questo caso nel testo "In Europa". Prova a rispondere considerando i vocaboli nel contesto e facendo riferimento a quanto hai studiato in geografia sul promontorio (Che struttura ha? Come lo leghi all'aggettivo meteorologico "anticiclonico"?)

B12. Da domenica a giovedì il tempo ad Ancona:

A. ☐ sarà nuvoloso
B. ☐ sarà nebbioso
C. ☐ sarà molto ventoso
D. ☒ sarà sereno

12. AIUTO

Anche in questo caso devi guardare le carte relative al meteo nei giorni successivi, localizzare Ancona e vedere che tempo è previsto.

B13. In base alla carta dell'Italia si può notare che:

A. ☐ i venti soffieranno generalmente da sud a nord
B. ☒ i venti soffieranno generalmente da nord a sud
C. ☐ i venti soffieranno generalmente da est a ovest
D. ☐ i venti saranno assenti

13. AIUTO

Per trovare questa informazione guarda la carta dell'Italia; una sola delle informazioni date è ricavabile con precisione dalla carta, devi guardare la legenda del vento facendo riferimento ai simboli.

B14. In qualche parte d'Italia ci sarà nebbia?

A. ☐ Sì
B. ☒ No
C. ☐ Il dato non è disponibile
D. ☐ Solo al mattino

14. AIUTO

Anche per questa informazione devi cercare sulla carta dell'Italia. C'è qualche zona in cui vedi che è prevista nebbia?

B15. Osservando "le previsioni di oggi" e le temperature di ieri in Italia possiamo dire che a Firenze:

A. ☐ le temperature sono in calo
B. ☐ le temperature sono stazionarie
C. ☒ le temperature sono in aumento
D. ☐ non ci sono cambiamenti significativi

15. AIUTO

Per trovare l'informazione devi incrociare i dati della tabella sulle temperature odierne con quella delle temperature di ieri e verificare in particolare le temperature registrate ieri a Firenze e quelle previste per oggi.

Parte prima - TESTO C (testo descrittivo)

ISS: LA STAZIONE SPAZIALE INTERNAZIONALE UNA CASA-LABORATORIO NELLO SPAZIO

A cosa serve la ISS

La ISS è prima di tutto un grande laboratorio per la ricerca scientifica: ha reso possibile lo svolgimento di esperimenti di lunga durata sugli effetti della quasi totale assenza di peso, test che non si sarebbero potuti svolgere sulle navette spaziali che rimangono per poco tempo in orbita. L'equipaggio segue direttamente gli esperimenti, ne avvia di nuovi e comunica i risultati al centro di controllo sulla Terra, dal quale partono istruzioni su come proseguire e approfondire le ricerche, in base agli esiti ottenuti.

Di chi è la ISS

La proprietà della ISS è regolamentata da una serie di trattati firmati da 11 dei paesi europei che fanno parte dell'ESA con la NASA, l'agenzia spaziale russa e quella giapponese. I piani delle 14 nazioni che hanno contribuito a costruirla prevedono che la ISS resti in funzione almeno fino al 2020, ma già da tempo si parla della possibilità di estendere le missioni in modo che possa essere abitata fino al 2028.

Un "taxi" spaziale russo

Per raggiungere la ISS sono necessarie circa 6 ore di viaggio su una Soyuz, un sistema di trasporto spaziale sviluppato nella Russia sovietica e in seguito rivisto e aggiornato, che permette il lancio di tre astronauti dal cosmodromo di Baikonur, in Kazakistan.

Com'è fatta la ISS

La ISS offre circa 800 metri cubi di spazio abitabile ed è lunga 100 metri. Come in un enorme LEGO, è stata costruita pezzo per pezzo unendo insieme dei grandi moduli cilindrici, che ricordano le lattine delle bibite. Alcuni sono stati realizzati dall'agenzia spaziale russa, come *Zvezda* (Stella) e *Zarya* (Alba), altri dagli Stati Uniti e dall'Europa, con un particolare impegno da parte dell'Agenzia Spaziale Italiana che ha anche partecipato alla costruzione di molte delle strumentazioni di bordo. Ai lati del tubo principale lungo 100 metri si aprono moduli più piccoli che ospitano magazzini, laboratori, camere secondarie dove gli astronauti vivono, conducono gli esperimenti ed eseguono osservazioni della Terra. Al centro della Stazione c'è un lungo asse dal quale si aprono i 16 pannelli solari principali, che servono per dare energia alla ISS. Il numero di abitanti a bordo della Stazione è di solito stabile: ci vivono sei astronauti con tempi di permanenza sfalsati, in modo che a ogni sostituzione tre nuovi membri diano il cambio ad altrettanti colleghi. Nelle missioni di lunga permanenza, come quella di Samantha Cristoforetti, si resta a bordo per circa sei mesi, un tempo ritenuto sufficiente per comprendere meglio gli effetti della microgravità sull'organismo umano e i modi per contrastarne le conseguenze, in vista di futuri viaggi nello Spazio particolarmente lunghi.

Vita a bordo

Quando un astronauta arriva a bordo impiega qualche ora prima di abituarsi alla quasi totale assenza di gravità: si conducono molte simulazioni a terra durante l'addestramento, ma nulla può imitare completamente ciò che accade quando si galleggia per aria all'interno dei moduli della ISS. Bisogna spostarsi con cautela, prevedere ogni movimento e decidere per tempo a quale delle tante maniglie lungo le pareti ci si vorrà aggrappare. Un movimento azzardato può diventare pericoloso per se stessi, per gli altri astronauti e per le strumentazioni di bordo, che tappezzano qualsiasi parete dei moduli. Sulla ISS non esistono propriamente alto e basso: i punti di riferimento cambiano in continuazione ed è necessario del tempo prima di farci l'abitudine. Vivere in un ambiente costantemente soggetto alla forza di gravità è una delle cose che riescono meglio al nostro organismo. Nella quasi totale assenza di peso il nostro corpo si trova in difficoltà: nei primi giorni i fluidi corporei tendono a risalire verso testa e arti superiori, cosa che spiega perché gli astronauti appena arrivati sulla ISS di solito appaiono paonazzi e visibilmente gonfi. Molti inquilini della Stazione hanno anche problemi di stomaco perché la digestione, un processo per eccellenza che avviene dall'alto in basso, risente della minore gravità. Restare a lungo in un ambiente dove si pesa pochissimo è deleterio anche per l'apparato muscolare e per quello scheletrico. Si stima che per ogni mese di permanenza sulla ISS un astronauta perda fino al 2 per cento della propria massa scheletrica. In pratica le ossa diventano meno dense perché devono sorreggere un peso inferiore, e di conseguenza l'organismo risparmia risorse ed energie concentrandole in altri ambiti. È per questo motivo che sulla Stazione gli astronauti devono fare ginnastica ogni giorno per mantenere il tono muscolare e rinforzare le ossa.

Respirare e lavarsi

L'ambiente della ISS è completamente sigillato, quindi è essenziale che l'aria che vi circola all'interno sia costantemente depurata. Il sistema di aerazione immette ossigeno dai grandi serbatoi della Stazione, che sono riempiti periodicamente grazie alle navette da trasporto che portano in orbita rifornimenti di ogni tipo, comprese strumentazioni per eseguire gli esperimenti. Per motivi di igiene e per evitare che l'umidità possa rovinare gli apparecchi di bordo, il sistema di depurazione rende l'aria molto secca e ciò fa sì che per gli astronauti i sensi come il gusto e l'olfatto siano costantemente messi in difficoltà. La sensazione è simile a quella che si prova quando si vola per molte ore su un aereo di linea: si sentono meno gli odori e gli alimenti sono percepiti come meno saporiti. In un ambiente pieno di strumenti elettronici è meglio che circoli meno acqua possibile. Per bere si utilizzano sacche con una cannuccia, in modo che non ci siano gocce in sospensione in giro per i moduli: se fossero inalate accidentalmente potrebbero causare soffocamento. È una possibilità estremamente remota ma mentre si vive a 400 chilometri in verticale dalla Terra è meglio non correre rischi. Poca acqua in circolazione significa anche non potersi lavare agilmente. Di solito per farlo si utilizzano salviette umidificate e ci si lava a turno negli ambienti dove è possibile farlo in sicurezza. Il lavaggio dei capelli è molto complicato, per questo motivo quasi tutti gli astronauti preferiscono radersi completamente prima della partenza. Sulla Stazione c'è comunque un rasoio elettrico collegato a un aspiratore, che può essere usato evitando che peli e capelli svolazzino in giro. La statunitense Sunita Williams è stata due volte sulla ISS e ha raccontato efficacemente il problema del lavaggio dei capelli:" *Il lavaggio richiede tempo. Spremevo alcune gocce d'acqua alla base dei capelli e poi le spargevo usando la mano per evitare che si disperdessero andando dappertutto. Poi mettevo un po' di shampoo nella mano e lo spalmavo, poi bagnavo un asciugamano e provavo a sciacquarli. In genere lo facevo nei fine settimana, quando non avevamo troppe cose da fare*".

Anche andare in bagno sulla ISS non è semplice, ma le cose sono comunque migliorate molto da quando il vecchio sistema con i sacchetti di plastica è stato sostituito da un più pratico WC dotato di sistema aspirante, una evoluzione tecnologica di quello usato sugli aerei di linea. Niente a bordo viene comunque sprecato: l'urina finisce in un sistema di riciclaggio e viene usata come acqua depurata per altri scopi.

Il sonno

Ogni astronauta ha a disposizione una piccola cabina, che ricorda più che altro un armadio, in cui riposarsi. Inizialmente si era pensato di provvedere a un unico dormitorio sulla Stazione, ma in seguito alla sua evoluzione si è scelto di dare uno spazio isolato e più privato a ogni astronauta. Nella cabina non c'è un letto ma un semplice sacco a pelo legato a una parete trapuntata. Si dorme come se ci si trovasse all'interno di un bozzolo. Mentre dormono, gli astronauti ovviamente galleggiano: alcuni raccontano di faticare ad addormentarsi in queste condizioni, altri di non avere mai dormito meglio perché la schiena non fa male, è più facile rilassare i muscoli e, per esempio, è impossibile svegliarsi per il formicolio a un braccio schiacciato tra il corpo e il materasso. Gli astronauti dormono al buio, aiutandosi se necessario con tappi per le orecchie (c'è un ronzio continuo e diffuso a bordo dovuto alle strumentazioni) e con mascherine. Eppure anche a occhi chiusi continuano a vedere qualcosa: sono piccoli lampi di luce causati dai raggi cosmici, che talvolta possono stimolare le loro retine. La sveglia viene data dal centro di controllo e solitamente è accompagnata da una canzone, che viene scelta in precedenza dai membri dell'equipaggio o dai loro parenti e amici che aspettano di riabbracciarli sulla Terra.

(tratto e rielaborato da http://www.ilpost.it/2014/11/24/stazione-spaziale-internazionale/)

C1. Per quale scopo principale è stata progettata la ISS?

A. ☐ Permettere all'uomo di viaggiare nello spazio
B. ☐ Studiare le reazioni umane in assenza di peso
C. ☒ Compiere esperimenti scientifici
D. ☐ Studiare i problemi dell'atmosfera terrestre

1. AIUTO

Leggi con attenzione la richiesta. L'attenzione va concentrata sull'aggettivo "principale". A che cosa serve quindi la ISS? L'informazione si trova proprio all'inizio del testo.

C2. A chi "appartiene" la Stazione Spaziale?

A. ☐ Agli 11 paesi dell'ESA
B. ☒ A 14 paesi
C. ☐ Alla Nasa e ai Paesi europei che fanno parte dell'ESA
D. ☐ A Russi, Americani e Giapponesi

2. AIUTO

Rileggi con attenzione il paragrafo "Di chi è la ISS" in cui è esplicitamente detto il numero delle nazioni coinvolte.

C3. Fino a quando la Stazione Spaziale rimarrà certamente in funzione?

A. ☒ Fino al 2020
B. ☐ Fino alla fine delle sperimentazioni attualmente in corso
C. ☐ Fino al 2028
D. ☐ Fino alla sua distruzione

3. AIUTO

Potresti confonderti tra due date ma non bisogna perdere di vista l'avverbio "certamente" che trovi nella richiesta.

C4. Quanti astronauti possono raggiungere la ISS contemporaneamente partendo da Baikonur, in Kazakistan?

A. ☐ Fino a sei
B. ☐ Due
C. ☒ Tre
D. ☐ Quattro

4. AIUTO

La domanda non chiede quanti astronauti possono convivere contemporaneamente a bordo della ISS ma quanti ne possono partire insieme da una precisa località.

C5. Come è composta la Stazione Spaziale? Quali caratteristiche presenta?
Indica con una crocetta se le informazioni si rintracciano nel testo oppure no.

5. AIUTO

Rileggi attentamente il paragrafo "Come è fatta la ISS". Alcune informazioni sono facilmente rintracciabili, altre sono state completamente inventate; una va letta con cura perché può essere facilmente fraintendibile.

	Si rintraccia	Non si rintraccia
a. Offre circa 800 metri cubi di spazio abitabile	X	
b. È dotata di tre punti di attracco per i rifornimenti dalla Terra		X
c. È costituita da moduli cilindrici	X	
d. Piccoli moduli secondari sono stati studiati come alloggio per futuri "turisti spaziali"		X
e. È dotata di appositi magazzini	X	
f. È larga 100 metri		X

C6. Come ha contribuito l'Agenzia Spaziale Italiana al progetto ISS?

A. ☐ Occupandosi della trasmissione di immagini dallo spazio
B. ☐ Con la progettazione di particolari tute spaziali
C. ☐ Mandando in orbita la Soyuz
D. ☒ Costruendo strumentazioni di bordo

6. AIUTO

L'informazione è facilmente rintracciabile nel paragrafo "Come'è fatta la ISS".

C7. Cosa dà energia all'ISS?

A. ☐ Pannelli solari oppure batterie trasportate periodicamente dalla Terra
B. ☒ 16 pannelli solari
C. ☐ 100 metri quadrati di pannelli solari
D. ☐ Autonomi generatori di corrente alimentati a combustibile fossile

7. AIUTO

Una risposta è stata inventata mentre le altre tre hanno in qualche modo a che fare con i pannelli solari. In quale paragrafo se ne parla? Cerca la risposta esatta, facendo attenzione anche ai dati numerici.

C8. Nel paragrafo "Vita a bordo" si trovano alcune espressioni come "si conducono molte simulazioni..., vivere in un ambiente..., si stima che per ogni mese...". Si può dedurre quindi che il punto di vista attraverso cui è descritta la vita a bordo è:

A. ☐ soggettivo
B. ☐ né oggettivo né soggettivo
C. ☒ oggettivo
D. ☐ a volte soggettivo, a volte oggettivo

8. AIUTO

Prova a riflettere sulla forma verbale "si stima". È un'espressione impersonale tipica di questa tipologia di testo, non si tratta quindi di una osservazione condotta da una o più persone specifiche.

C9. Che cosa cambia continuamente sulla Stazione Spaziale richiedendo agli astronauti un certo periodo di tempo per abituarsi?

A. ☒ La temperatura dell'aria per la difficoltà di riscaldamento dei moduli
B. ☐ La luminosità degli ambienti a causa di cali di tensione nella rete elettrica
C. ☐ La pressione interna al modulo abitativo per la quasi totale assenza di gravità
D. ☒ I punti di riferimento perché non esistono propriamente "alto" e "basso"

9. AIUTO

Ogni risposta offre una spiegazione più o meno credibile, tuttavia tre opzioni sono state inventate.
Attenzione quindi! Una sola informazione è rintracciabile nel testo. Che cosa cambia continuamente e richiede un certo periodo di adattamento?

C10. A quali problemi o disturbi fisici possono andare incontro gli astronauti a causa dell'assenza di gravità? Indica se le seguenti affermazioni sono vere o false.

10. AIUTO

La permanenza nello spazio può causare piccoli e grandi problemi alla salute umana: se ne parla nel paragrafo "Vita a bordo".

		Vero	Falso
a.	Problemi legati alla distribuzione dei fluidi corporei	X	
b.	Problemi di digestione	X	
c.	Possibili fratture di ossa		X
d.	Bruciore agli occhi		X
e.	Vertigini		X
f.	Crampi		X

C11. L'espressione "In pratica" (riga 51):

A. ☐ introduce un esempio
B. ☒ rende più comprensibile il concetto appena espresso
C. ☐ rende il testo più ripetitivo
D. ☐ introduce una nuova argomentazione

11. AIUTO

Per rispondere alla domanda devi rileggere attentamente il periodo che precede (comincia da "Si stima"). Le risposte A e D lasciano intendere che si introduce qualcosa di nuovo mentre la B e la C che si riprende in qualche modo un'affermazione già fatta.

C12. Dopo aver osservato l'esempio, completa lo schema CAUSA-EFFETTO come ritieni opportuno.

12. AIUTO

Le informazioni sono rintracciabili nei paragrafi "Vita a bordo" e "Respirare e lavarsi".

	CAUSA	EFFETTO
a.	Es: Poiché devono sorreggere un peso inferiore	Le ossa diventano meno dense (fino al 2% di massa scheletrica persa).
b.	Poiché l'ambiente della ISS è completamente sigillato	È essenziale che l'aria che vi circola dall'int. sia costdep.
c.	Per motivi di igene e per evitare che l'um. possa rovinare gli apparecchi di bordo	Il depuratore rende l'aria molto secca.
d.	Per evitare problemi con le strumentazioni elettroniche	meglio che circoli meno acqua

C13. Perché gli astronauti usano sacche con una cannuccia per bere? Rintraccia l'informazione nel testo e scrivila nello spazio sottostante.

65 riga: in modo che non ci siano gocce di sospensione in giro per i moduli

> **13. AIUTO**
>
> La risposta è piuttosto precisa e risponde a un criterio di sicurezza e di tutela della salute dell'equipaggio (vedi paragrafo "Respirare e lavarsi").

C14. Collega opportunamente le parole della prima colonna con i significati corrispondenti.

> **14. AIUTO**
>
> Per rispondere correttamente al quesito, comincia a ragionare sulle parole di cui già conosci il significato, per le altre rileggi nel testo le frasi in cui sono contenute e prova a determinarne il senso specifico, partendo dal significato generale del periodo.

Parola	Significato
a. cosmodromo	1. attrazione esercitata dalla Terra o da un altro corpo celeste
b. cautela	2. base di lancio per razzi spaziali
c. paonazzo	3. particolare attenzione
d. gravità	4. colore violaceo scuro

C15. Perché quasi tutti gli astronauti preferiscono radersi completamente prima della partenza? Rintraccia l'informazione nel testo e scrivila nello spazio sottostante.

per il lavaggio dei capelli è lungo.

> **15. AIUTO**
>
> La domanda precisa "quasi tutti gli astronauti" perché evidentemente, come l'astronauta statunitense Sunita Williams, qualcuno non lo fa, andando incontro a qualche complicazione. La risposta è semplice e si trova nel paragrafo "Respirare e lavarsi".

C16. Quale funzione svolgono le parole dell'astronauta statunitense Sunita Williams?

A. ☐ Creano un clima di suspense
B. ☒ Confermano e rendono più interessante quanto già riportato nel testo
C. ☐ Introducono nel testo un punto di vista oggettivo
D. ☐ Rendono il testo più credibile

> **16. AIUTO**
>
> Occorre riflettere sul motivo per cui l'autore ha deciso di introdurre questa breve ma significativa testimonianza personale, quindi soggettiva. Rileggi con calma il periodo che precede le parole dell'americana.

C17. In un primo momento dove si era pensato di far dormire gli astronauti?

A. ☐ In sacchi a pelo singoli
B. ☒ In un unico dormitorio
C. ☐ In apposite cuccette
D. ☐ In due differenti moduli della Stazione

18. AIUTO

Si parla evidentemente del sonno e la domanda non pone l'accento sulla definitiva sistemazione degli astronauti ma su una prima ipotesi poi abbandonata; infatti la risposta esatta è introdotta dalle parole "in seguito".

C18. Indica se le seguenti affermazioni circa il sonno degli astronauti sono vere oppure false.

		Vero	Falso
a.	Durante il sonno gli astronauti galleggiano	X	
b.	Tutti gli astronauti faticano ad addormentarsi		X
c.	Si dorme al buio, ma gli astronauti vedono ugualmente qualcosa	X	
d.	Spesso gli astronauti soffrono di strani formicolii		X
e.	Ogni astronauta dorme in una piccola cabina	X	
f.	La sveglia è data dal centro di controllo	X	

C19. Perché gli astronauti dormono con i tappi nelle orecchie? Rintraccia l'informazione nel testo e scrivila nello spazio sottostante.

c'è un ronzio
continuo e diffuso a bordo

19. AIUTO

Si parla sempre di sonno: quali rumori "continui e diffusi" potrebbero disturbarlo?

C20. Come definiresti il lessico utilizzato nel testo?

A. ☐ Semplice
B. ☐ Quasi sempre incomprensibile per la presenza di termini scientifici
C. ☒ Comprensibile ma abbastanza ricco di termini scientifici
D. ☐ Povero e ripetitivo

20. AIUTO

Ripensa al testo, in generale ti è sembrato comprensibile oppure no? Due risposte parlano di "termini scientifici" certamente presenti poiché si parla di spazio e ricerca scientifica; qualcuno non lo hai certamente compreso ma come definiresti il lessico utlizzato nel complesso?

LESSICO

D1. Nel breve testo che segue ci sono quattro parole che oggi si usano in forma diversa: sottolineale. Attenzione: devi sottolineare SOLO le quattro parole richieste.

"Un giovine signore, alto, di fisico proporzionato e portato alla tristizia, era legato da un forte sentimento di amistà a un poeta famoso. Benché non si vedessero frequentemente, più passava il tempo, più il loro legame, invece di spegnersi, si riscopriva novo …"

1. AIUTO

Cerca le parole che oggi sono in disuso perché l'evoluzione della lingua ne ha cambiato la forma.

D2. Individua e sottolinea le parole che non appartengono al campo semantico (un campo semantico è costituito da gruppi di parole che fanno riferimento a uno stesso argomento o \ ambito) dello *sport*.

allenamento – arbitro – estinzione - competizione – antitesi - vittoria – punteggio – regole – spartito – sconfitta – concentrazione – corrimano

2. AIUTO

Ti sarà capitato di praticare o di assistere a manifestazioni sportive: quali parole non appartengono al mondo dello sport? Leggile una per una senza fretta e troverai gli "intrusi".

D3. Leggi con attenzione la voce seguente, tratta da un dizionario. Poi, per ognuna delle affermazioni in tabella, indica se è vera o falsa. (INVALSI 2012-2013)

> ***sordastro*** [sor-dà-stro] agg., s.
> -agg. Parzialmente sordo; nel l. corrente, che soffre di un leggero difetto uditivo
> [SIN] med. ipoacusico
> -s.m. (f. *-stra*) Nel sign. dell'agg.
> -sec. XVI

Metti una crocetta per ogni riga.

3. AIUTO

Tutte le informazioni per rispondere ai vero/falso della tabella sono contenute nella voce tratta dal dizionario. Devi quindi cercare con attenzione quanto scritto. Attento: qualche volta ci sono delle sigle o degli indizi per trovare le risposte.

Affermazioni	Vero	Falso
a) La parola *sordastro* può essere sia un aggettivo che un nome	X	
b) La parola *sordastro* è composta di 4 sillabe		X
c) La parola *sordastro* ha cominciato a essere usata nel '500	X	
d) Il plurale di *sordastro* è irregolare		X
e) *Sordastro* è sinonimo di sordo		X
f) *Sordastro* in linguaggio medico si dice *ipoacusico*	X	

D4. Scrivi la parola che corrisponde alla definizione.

Esempio: Edificio adibito ad abitazione dell'uomo: (nome che inizia per c) ...casa...

Rendere pulito qualcosa usando acqua o altro liquido: (verbo che inizia con l) ...lavare...

4. AIUTO

Questa richiesta è simile ai quesiti dei cruciverba: guarda la definizione e rispondi.

D5. Scegli fra le quattro alternative proposte quella che completa la parola o la frase evidenziata (forma cioè una "collocazione lessicale").

Esempio: dilazionare...

- ☐ un argomento
- ☒ un pagamento
- ☐ una fessura
- ☐ una spia

...andare... a genio

1. ☒ Andare
2. ☐ Comprare
3. ☐ Essere
4. ☐ Portare

5. AIUTO

In questo caso devi far riferimento alla tua esperienza. Quale verbo associato all'espressione "a genio" ti è capitato di usare? Puoi anche considerare quale di quei verbi può essere costruito con la preposizione "a". Scarta gli altri.

D6. Nelle frasi che seguono manca la stessa parola, usata con significati di volta in volta diversi. Scrivi la parola mancante nella casella corrispondente.

6. AIUTO

Devi pensare quale vocabolo può essere usato nelle tre situazioni. Attento: è lo stesso vocabolo, ma assume significati diversi a seconda del contesto.

Esempio:

Al telegiornale hanno trasmesso un interessante .... *sul tema del riciclo dei rifiuti*

Il .... *da tè in mostra è decorato in oro*

Il .... *di leva obbligatorio è stato abolito per legge*

Parola corretta: ...servizio...

1. L'insegnante ha chiesto a Gigi di indicargli sulla .... geografica dove si trova Napoli.
2. L'imbianchino sta pulendo con la .... vetrata la superficie da verniciare.
3. L'operatore mi ha detto che si può pagare anche con .... di credito.

(*Parola corretta:* ...Carta...)

D7. Indica se l'espressione sottolineata nelle frasi che seguono è usata:
a) in senso informale (registro basso);
b) in senso neutro (registro standard);
c) in senso formale (registro elevato).

7. AIUTO

Poni attenzione al registro usato: quale useresti con il prof.? (registro elevato) Quale con un tuo amico? (registro basso) Quale coi tuoi genitori? (registro standard).

	Registro basso	**Registro standard**	**Registro elevato**
1. E <u>smorza</u> 'sto coso che non capisco niente!	X		
2. Per favore, può <u>regolare</u> il volume dello stereo? Non riesco a concentrarmi.			X
3. Si può <u>abbassare</u> il volume?		X	

RIFLESSIONE SULLA LINGUA

E1. Riscrivi il seguente periodo in modo opportuno inserendo le lettere maiuscole.

"galileo galilei, nato in toscana, sosteneva che la terra girasse attorno al sole. oggi è ritenuto da tutti uno dei più grandi scienziati della sua epoca."

Galileo Galilei, nato in Toscana, sosteneva che la Terra girasse attorno al Sole. Oggi è ...

1. AIUTO

Ricordi quando si utilizzano le lettere maiuscole? Di seguito troverai alcuni suggerimenti:

1. All' inizio di un periodo
2. Dopo un punto fermo
3. Nei nomi propri (non solo di persone)

E2. Qual è la corretta divisione in sillabe della parola *aritmetica*?

A. ☐ ARIT – ME - TICA
B. ☒ A – RIT – ME – TI - CA
C. ☐ ARIT – ME – TI - CA
D. ☐ A – RIT – METI – CA

2. AIUTO

A parte alcune eccezioni, se una parola comincia con una vocale, la prima sillaba è costituita dalla vocale stessa che pertanto sta da sola. Secondo questa regola bisogna eliminare le risposte A e C a favore della B e della D. Rileggile entrambe: quale delle due ti sembra corretta?

E3. Nella frase "Avrei preferito sapere tutto fin dall'inizio" in quale modo e tempo è coniugato il verbo *preferire*? Scrivili qui di seguito.

Modo = condizionale

Tempo = passato

3. AIUTO

Rileggi attentamente la frase: si tratta di un'azione svolta nel presente o nel passato? Quale modo verbale esprime un'azione che si realizza (o non si realizza) a determinate condizioni?

E4. A quale categoria grammaticale appartengono le parole sottolineate? Metti una crocetta per ogni riga.

4. AIUTO

In generale l'aggettivo si aggiunge a un nome mentre un pronome si sostituisce ad un nome, quindi fai attenzione: le parole sottolineate sono seguite da nomi?

	aggettivo	pronome
a. <u>Molti</u> credono negli oroscopi.		X
b. <u>Qualunque</u> cosa mi regalerai, sarà ben accetta.	X	
c. Mi sono rimaste soltanto <u>due</u> matite nell'astuccio.	X	
d. In centro non ho incontrato <u>nessuno</u> che conoscessi.		X

E5. Nella frase "*la commedia teatrale per cui hai riso molto, è stato interpretata da attori non professionisti*" le parole sottolineate svolgono la funzione di

A. ☐ complemento di strumento
B. ☐ complemento di fine
C. ☒ complemento di causa
D. ☐ complemento di modo

5. AIUTO

Concentrati sulla frase "per cui hai riso molto". Le parole sottolineate si riferiscono alla "commedia teatrale", quindi la domanda che potresti porti è la seguente: per quale motivo hai riso molto?

E6. Nelle seguenti frasi stabilisci se le parole sottolineate costituiscono il soggetto partitivo, il complemento oggetto partitivo o il complemento partitivo.

6. AIUTO

Prova ad analizzare ciascuna delle quattro proposizioni (attenzione alle forme verbali), individuando in ognuna il soggetto e il complemento oggetto; noterai che in tre proposizioni su quattro essi coincidono con le parole sottolineate.

	soggetto partitivo	**complemento oggetto partitivo**	**complemento partitivo**
a. Abbiamo comprato dei pomodori per l'insalata.			X
b. Molti dei miei amici giocano a calcetto.		X	
c. In frigorifero c'è del salmone affumicato.	X		X
d. Dei miei colleghi passeranno le vacanze all'estero.	X		

E7. La seguente frase è passiva, trasformala in forma attiva.

"La partita fu interrotta dall'arbitro a causa della fitta nevicata."

L'arbitro ha interrotto la partita a causa della fitta nevicata

7. AIUTO

Svolgi l'analisi logica della frase passiva. Nella trasformazione nella forma attiva accade questo:

1. Il soggetto diventa complemento oggetto
2. Il complemento d'agente /causa efficiente diventa soggetto
3. La voce verbale assume la forma attiva (attenzione al modo e al tempo)
4. Il resto della proposizione non subisce mutamenti

E8. In quale dei seguenti periodi è presente una proposizione interrogativa indiretta?

A. ☐ In quel momento avrei voluto chiederti: "Perché parli così poco?".

B. ☐ Non vedo l'ora di finire questo quiz.

C. ☒ Dimmi perché ti sei comportato così.

D. ☐ Che cosa hai mangiato? Dimmelo!

8. AIUTO

Ricorda che la proposizione interrogativa indiretta è innanzitutto una subordinata e ha la funzione di esprimere una domanda in maniera indiretta, cioè senza punto di domanda.

Il mio risultato:

Prova di comprensione del testo A	**.../20**
Prova di comprensione del testo B	**.../15**
Prova di comprensione del testo C	**.../20**
Lessico	**.../7**
Prova sulle conoscenze grammaticali	**.../8**
Punteggio totale	**.../70**

Ho trovato la prova:

☐ Difficile

☐ Più semplice di quanto pensassi

☐ Adeguata alle mie aspettative e capacità

☐ Altro ....

Parte prima - TESTO A (testo narrativo)

ROMOLO E REMO

L'urgenza della fame non si può paragonare a quella degli altri bisogni. Provatevi a dire ad alta voce: «Mi serve un paio di scarpe… mi serve un pettine… mi serve un fazzoletto», tacete un momento per rifiatare e poi dite: «Mi serve un pranzo», e sentirete subito la differenza. Per qualsiasi cosa potete pensarci su, cercare, scegliere, magari rinunziarci, ma il momento che confessate a voi stessi che vi serve un pranzo, non avete più tempo da perdere. Dovete trovare il pranzo, se no morite di fame. Il cinque ottobre di quest'anno, a mezzogiorno a piazza Colonna sedetti sulla ringhiera della fontana e dissi a me stesso: «Mi serve un pranzo».

Da terra dove, durante questa riflessione, volgevo gli occhi, levai gli sguardi al traffico del Corso e lo vidi tutto annebbiato e tremolante: non mangiavo da più di un giorno e, si sa, la prima cosa che succede quando si ha fame è di vedere le cose affamate, cioè vacillanti e deboli come se fossero esse stesse, appunto, ad avere fame. Poi pensai che dovevo trovare questo pranzo, e pensai che se aspettavo ancora non avrei più avuto la forza neppure di pensarci, e cominciai a riflettere sulla maniera di trovarlo al più presto. Purtroppo, quando si ha fretta non si pensa nulla di buono. Le idee che mi venivano in mente non erano idee ma sogni: «Salgo in un tram… borseggio un tale… scappo»; oppure: «Entro in un negozio, vado alla cassa, afferro il morto[1]… scappo». Mi venne quasi il panico e pensai: «Perduto per perduto, tanto vale che mi faccia arrestare per oltraggio alla forza pubblica… in questura una minestra me la dànno sempre».

In quel momento un ragazzo, accanto a me, ne chiamò un altro: «Romolo». Allora, a quel grido, mi ricordai di un altro Romolo che era stato con me sotto le armi. Avevo avuto, allora, la debolezza di raccontargli qualche bugia: che al paese ero benestante mentre non sono nato in alcun paese bensì presso Roma, a Prima Porta[2]. Ma, adesso, quella debolezza mi faceva comodo. Romolo aveva aperto una trattoria dalle parti del Pantheon[3]. Ci sarei andato e avrei mangiato il pranzo di cui avevo bisogno. Poi, al momento del conto, avrei tirato fuori l'amicizia, il servizio militare fatto insieme, i ricordi… Insomma, Romolo non mi avrebbe fatto arrestare. […]

Mi venne incontro con un «comandi» premuroso, pieno di speranza, che mi strinse il cuore. Ma ormai ero nel ballo e bisognava ballare. Dissi: «Vorrei mangiare». Lui incominciò a spolverare il tavolo con uno straccio, poi si fermò e disse guardandomi: «Ma tu sei Remo…». «Ah, mi riconosci», feci, con un sorriso. «E come se ti conosco… non eravamo insieme sotto le armi? Non ci chiamavamo Romolo, Remo e la Lupa per via di quella ragazza che corteggiavamo insieme?» Insomma: i ricordi. Si vedeva che lui tirava fuori i ricordi non perché mi fosse affezionato ma perché ero un cliente. Anzi, visto che nella trattoria non c'era nessuno, il cliente. Di clienti doveva averne pochi e anche i ricordi potevano servire a farmi buona accoglienza. […] «Romolo, sono di passaggio a Roma… faccio il viaggiatore di commercio… siccome dovevo mangiare in qualche luogo, ho pensato: "Perché non andare a mangiare dall'amico Romolo?"». «Bravo», disse lui; «allora che facciamo di buono: spaghetti?» «Si capisce.» «Spaghetti al burro e parmigiano... ci vuole meno a farli e sono più leggeri... e poi che facciamo? Una buona bistecca? Due fettine di vitella? Una bella lombatina? Una scaloppina al burro?» Erano tutte cose semplici, avrei potuto cucinarle da me su un fornello a spirito. Dissi, per crudeltà: «Abbacchio[4]... ne hai abbacchio?» «Quanto mi rincresce... lo facciamo per la sera.» «E va bene... allora un filetto con l'uovo sopra... alla Bismarck.» «Alla Bismarck, sicuro... con patate?» «Con insalata.» «Sì, con insalata... e un litro, asciutto, no?» «Asciutto.»

Ripetendo: «Asciutto», se ne andò in cucina e mi lasciò solo al tavolino. La testa continuava a girarmi dalla debolezza, sentivo che facevo una gran cattiva azione; però, quasi quasi, mi faceva piacere di compierla. La fame rende crudeli: Romolo era forse più affamato di me e io, in fondo, ci avevo preso gusto. [...] Mangiai solo, e, mangiando, mi accorsi che ero quasi ubriaco dal mangiare. Eh, quanto è bello mangiare quando si ha fame. Mi cacciavo in bocca un pezzo di pane, ci versavo sopra un sorso di vino, masticavo, inghiottivo. Erano anni che non mangiavo tanto di gusto. [...] Guardai i bambini: erano pallidi, denutriti, gli occhi più grandi della testa. Mi venne ad un tratto compassione e insieme rimorso. Tanto più che la moglie disse: «Eh, di clienti come lei, ce ne vorrebbero almeno quattro o cinque a pasto... allora sì che potremmo respirare». «Perché?», domandai facendo l'ingenuo, «non viene gente?» «Qualcuno viene», disse lei, «soprattutto la sera... ma povera gente: portano il cartoccio, ordinano il vino, poca roba, un quarto, una foglietta[5]... la mattina, poi, manco accendo il fuoco, tanto non viene nessuno.» Non so perché queste parole diedero sui nervi a Romolo. Disse: «Ahò, piantala con questo piagnisteo... mi porti iettatura[6]». La moglie rispose subito: «La iettatura la porti tu a noi... sei tu lo iettatore; tra me che sgobbo e mi affanno e tu che non fai niente e passi il tempo a ricordarti di quando eri soldato, lo iettatore chi è?» Tutto questo se lo dicevano mentre io, mezzo intontito dal benessere, pensavo alla migliore maniera per cavarmela nella faccenda del conto. Poi, provvidenzialmente, ci fu uno scatto da parte di Romolo: alzò la mano e diede uno schiaffo alla moglie. Lei non esitò: corse alla cucina, ne riuscì con un coltello lungo e affilato, di quelli che servono ad affettare il prosciutto. Gridava: «Ti ammazzo», e gli corse incontro, il coltello alzato. Lui, atterrito, scappò per la trattoria, rovesciando i tavoli e le seggiole. La bambina intanto era scoppiata in pianto; il maschietto era andato anche lui in cucina e adesso brandiva un mattarello, non so se per difendere la madre o il padre. Capii che il momento era questo o mai più. Mi alzai, dicendo: «Calma, che diamine... calma, calma»; e ripetendo: «Calma, calma», mi ritrovai fuori della trattoria, nel vicolo. Affrettai il passo, scantonai; a piazza del Pantheon ripresi il passo normale e mi avviai verso il Corso.

(tratto e adattato da Alberto Moravia, *Racconti romani*)

1 **Il morto:** l'incasso.
2 **Prima Porta:** quartiere periferico di Roma.
3 **Pantheon:** nella zona centrale di Roma dove si trova il Pantheon, celebre monumento di epoca romana.
4 **Abbacchio:** agnello al forno, piatto tipico romano.
5 **Foglietta:** misura corrispondente a circa mezzo litro.
6 **Iettatura:** sfortuna, influsso malefico.

A1. Quale "urgenza", secondo l'autore, non è paragonabile a tutte le altre?

A. ☐ La mancanza di un paio di buone scarpe
B. ☐ La sete
C. ☐ La mancanza di denaro
D. ☒ La fame

A2. L'espressione "se no" (riga 6), che potrebbe essere correttamente sostituita da "altrimenti", è tipica di un linguaggio:

A. ☐ formale
B. ☒ colloquiale
C. ☐ dialettale
D. ☐ popolare

A3. L'autore ricorda un recente episodio della sua vita. Tutto inizia in un momento e in un luogo ben preciso.
Rintraccia le informazioni nel testo e riportale nello spazio sottostante.

5 ottobre di quest'anno a mezzogiorno a piazza
colonna riga 6

A4. Per quale motivo la vista del protagonista è "annebbiata e tremolante"?

A. ☐ Poiché aveva lavorato a lungo senza mangiare
B. ☒ Poiché non mangiava da oltre un giorno
C. ☐ A causa della stanchezza
D. ☐ Perché digiunava dal giorno prima e aveva dormito poco

A5. Quando si erano conosciuti Romolo e Remo?

A. ☐ Durante la prima infanzia
B. ☒ Durante il servizio militare
C. ☐ Negli anni della scuola elementare
D. ☐ Prima del servizio militare

A6. Dove si svolge la vicenda?

A. ☒ A Roma
B. ☐ A piazza Colonna
C. ☐ A Prima Porta
D. ☐ In una trattoria

A7. Quali "cattive" idee sono venute al protagonista prima di recarsi alla trattoria? Indica con una crocetta se le informazioni si rintracciano nel testo oppure no.

Informazioni	Si rintraccia	Non si rintraccia
a. Borseggiare qualcuno sul tram	X	
b. Farsi ricoverare in ospedale dopo un falso malore		X
c. Rubare l'incasso di un negozio		X
d. Farsi arrestare per oltraggio alla forza pubblica		X
e. Con gli ultimi soldi, comprare un biglietto della lotteria	X	
f. Rubare cibo in un negozio di alimentari	X	

A8. Quali bugie aveva raccontato Remo a Romolo anni prima dello svolgimento della vicenda? Rintraccia l'informazione nel testo e scrivila nello spazio sottostante.

riga 20 ....

A9. L'espressione "mi strinse il cuore" (riga 25) potrebbe essere sostituita da:

A. ☐ mi rese triste
B. ☐ mi sorprese
C. ☒ mi tolse il respiro per l'emozione
D. ☐ suscitò in me un sentimento di pietà

A10. La forma verbale del passato remoto "feci" (riga 28) è utilizzata al posto di:

A. ☒ dissi
B. ☐ guardai
C. ☐ indicai
D. ☐ sospirai

A11. Quali informazioni relative a Romolo si rintracciano nel testo? Metti una crocetta dove ritieni opportuno.

Informazioni	Si rintraccia	Non si rintraccia
a. Lavora con un fratello		X
b. È un abile cuoco	X	
c. Non è realmente affezionato a Remo		X
d. Appartiene a una ricca famiglia		X

A12. Alla riga 31 l'autore dice che Remo si accorge di essere "<u>il</u> cliente" e non "<u>un</u> cliente" della trattoria. Questo significa che:

A. ☐ Remo è l'ultimo cliente rimasto nel locale
B. ☒ Remo sa di essere un cliente particolarmente esigente
C. ☐ Remo è l'unico cliente
D. ☐ Remo è un cliente privilegiato perché conosce Romolo

A13. Cosa ordina il protagonista? Rintraccia nel testo gli elementi che appartengono al menù scelto dal protagonista e riportali nello spazio sottostante.

............................riga 38...

A14. Quale occupazione dice di svolgere Remo?

A. ☐ Commerciante
B. ☐ Calzolaio
C. ☒ Viaggiatore di commercio
D. ☐ Soldato semplice

A15. Perché Romolo litiga con la moglie?

A. ☐ Perché è innervosito dalle sue parole di lamento
B. ☐ Perché le rimprovera di essere troppo ottimista
C. ☒ Perché lei lo accusa di spendere troppi soldi
D. ☐ Perché ha capito che Remo non intende pagare il conto

A16. Collega opportunamente le parole della prima colonna con i significati corrispondenti.

Parola	Significato
a. Oltraggio	1. Lamento o pianto prolungato
b. Trattoria	2. Lavorare duramente
c. Piagnisteo	3. Offesa
d. Sgobbare	4. Locanda

A17. Alla fine del pranzo, quali sentimenti prova il protagonista guardando i bambini di Romolo? Indica con una crocetta se le informazioni si rintracciano nel testo oppure no.

Informazioni	Si rintraccia	Non si rintraccia
a. Gratitudine		X
b. Invidia		X
c. Compassione	X	
d. Rimorso	X	

A18. Come definiresti il linguaggio utilizzato dai personaggi?

A. ☐ Piuttosto ricco di termini dialettali
B. ☐ Ricco e vario
C. ☒ Semplice, con alcuni termini dialettali
D. ☐ Di facilissima comprensione

A19. Che cosa favorisce la fuga di Remo?

A. ☐ L'ingresso di un cliente che distrae Romolo
B. ☐ Il pianto della moglie di Romolo
C. ☐ Il litigio tra Romolo e Remo
D. ☒ L'improvvisa degenerazione della lite tra Romolo e la moglie

A20. La vicenda è narrata da:

A. ☐ un narratore esterno alla vicenda
B. ☒ Remo, il protagonista
C. ☐ un testimone dei fatti
D. ☐ Romolo, il protagonista

Parte prima - TESTO B (testo regolativo)

UN VIAGGIO IN TRENO

TRENITALIA
GRUPPO FERROVIE DELLO STATO ITALIANE

Pagina 1 di 2
Partita Iva:05403151003
Data Emissione 07/04/2017

Vettore CIV 0083

DETTAGLIO BIGLIETTO

Da **Ancona** a **Milano Centrale** il **07/04/2017** alle ore **09:22**

Data partenza	Ora	Da	A	Data arrivo	Ora	Num. Pax.
07/04/2017	09:22	Ancona	Milano Centrale	07/04/2017	13:25	1

Treno: FrecciaBianca **9810** Servizio: **1° Classe**, Carrozza: **1**; Posti: **7C**

Canale: Internet B2C

PNR: **WULQ85**

* Importo pagato totale: **77.00 EUR**

* Il corrispettivo pagato è relativo ad operazioni assoggettate ad I.V.A.

NON VALIDO AI FINI FISCALI

DETTAGLIO OFFERTE

Offerta-Servizio	Carrozza	Posto	Nome	Dati Aggiuntivi	Codice CartaFreccia	Codice CP	Punti Guadagnati
BASE-ADULTO 1° CLASSE	1	7C	Beatrice Loreti	TIPO PASSEGGERO ADULTO	142591678	251501	273.30

Ancona-Milano Centrale

Biglietto acquistato da: **ELI SRL LORETO**
Codice CartaFreccia:
Codice Azienda:-

IMPORTANTE:

Ricorda che per ogni tratta/passeggero sono applicate condizioni tariffarie diverse, che possono variare le modalita di cambio e/o rimborso del viaggio.
Per consentire di registrare la tua presenza comunica il PNR al personale di bordo.
La mancata comunicazione del PNR equivale al mancato possesso del biglietto

B1. In base al biglietto, puoi concludere che:

A. ☐ il viaggiatore può viaggiare dove vuole sul treno
B. ☐ il viaggiatore può viaggiare dove vuole sul treno, ma solo in 2° classe
C. ☒ il viaggiatore può viaggiare in uno, il posto è prenotato
D. ☐ il viaggiatore può viaggiare dove vuole, ma in piedi

B2. Il biglietto è stato acquistato:

A. ☐ a Venezia il 6/04/2017
B. ☒ da Eli SRL Loreto il 7/04/2017
C. ☐ a Milano il 5/06/2017
D. ☐ da Eli SRL Loreto il 6/04/2016

B3. Di che tipo di tariffa si tratta?

A. ☐ School group Italy
B. ☐ Economy
C. ☒ Base
D. ☐ Ordinaria

B4. Indica se le seguenti affermazioni sono vere o false. Metti una crocetta per ogni riga.

	Vero	Falso
a. Il passeggero è un adulto	X	
b. Il posto assegnato al viaggiatore è da chiedere al capotreno		X
c. Il viaggio è stato effettuato in gennaio		X
d. Il biglietto può essere utilizzato da un viaggiatore qualunque		
e. Il viaggiatore ha un posto assegnato	X	
f. Con questo biglietto si può viaggiare tra Ancona e Milano su qualsiasi treno ordinario		X

B5. Osservando il biglietto, puoi concludere che:

A. ☐ i viaggiatori sono tre adulti e 22 ragazzi
B. ☐ i viaggiatori sono tre adulti
C. ☒ il viaggiatore viaggia da solo
D. ☐ il viaggiatore è un ragazzo

B6. In base a quanto riportato sul biglietto è ancora valido oggi?

A. ☐ No, perché è scaduto
B. ☐ Sì, ma deve essere convalidato
C. ☒ No, perché è usato
D. ☐ Sì, ma deve essere cambiato e convalidato

B7. Quali informazioni riporta il biglietto?

	Riportato	Non riportato
a. Luogo di partenza	X	
b. Tempo di percorrenza		X
c. Luogo di arrivo	X	
d. Ora di partenza e arrivo	X	
e. Fermate intermedie		X
f. Tipo di servizio	X	

B8. Sul biglietto è riportata la Partita IVA:

A. ☐ del viaggiatore
B. ☒ di Trenitalia
C. ☐ di chi ha acquistato il biglietto
D. ☐ del dipendente che ha venduto il biglietto

B9. In base a quanto riportato sul biglietto, chi lo ha acquistato:

A. ☐ possiede una cartafreccia n° 251501
B. ☐ possiede una cartafreccia n° 27313
C. ☐ non possiede una cartafreccia
D. ☒ possiede una cartafreccia n° 142591676

B10. Con quale canale è stato comprato il biglietto?

A. ☒ Su internet
B. ☐ In biglietteria
C. ☐ Sul treno
D. ☐ Con una chiamata telefonica

B11. Che cosa succede se non si è in grado di comunicare il codice PNR?

Vuol dire che non ha il biglietto

B12. Perché si deve comunicare il PNR al personale di bordo?

A. ☒ Per convalidare il biglietto
B. ☐ Per cambiare il biglietto
C. ☐ Per consentire di registrare la presenza
D. ☐ Perché il biglietto viene convalidato a bordo

B13. Il biglietto contiene uno spot pubblicitario relativo all'uso di Trenitalia (di colore verde); che cosa comunica?

A. ☒ Viaggiando in treno si risparmiano 42 kg di CO_2 al pianeta
B. ☐ Viaggiando in treno c'è meno traffico sulle strade
C. ☐ Viaggiando in treno si risparmiano 25 kg di CO_2 al pianeta
D. ☐ L'automobile inquina meno del treno, ma più dell'aereo

B14. Dove è possibile chiamare il numero 112 in caso di emergenza?

A. ☐ In Europa
B. ☒ Nell'Unione europea
C. ☐ In Italia
D. ☐ Nell'eurozona

B15. Che cosa significa il termine "fiscale" riportato sul biglietto?

A. ☐ Molto preciso e rigoroso
B. ☐ Legale
C. ☒ Relativo al fisco
D. ☐ Penale

Parte prima - TESTO C (testo argomentativo)

L'AVANZATA DELLA TECNOLOGIA
Pensieri e parole di Edoardo Sanguineti, un intellettuale "contro"

La responsabilità dell'intellettuale per Sanguineti non si esaurisce nella critica dell'esistente progresso tecnologico, ma ha anche il compito di raffreddare l'emotività; così il suo approccio alla tecnologia è poco impulsivo: «In questo locale siamo costretti ad alzare la voce per coprire la musica e possiamo anche vivere questo impedimento come un fastidio, senza però considerare che tale libertà ci consente allo stesso tempo un accostamento incredibile a ogni tipo di musica». Si ferma un istante, la sigaretta ancora lì, spenta tra le dita, forse pensa alla sua Olivetti con cui scrive abitualmente. Ma il pensiero non gli impedisce di proseguire nell'elogio del progresso tecnologico: «Dobbiamo considerare i grandi vantaggi che la tecnologia produce; è inutile indulgere a nostalgie di un mondo incontaminato. Avevo una zia che si alzava molto presto al mattino, com'era consuetudine una volta. Cominciava a trafficare in cucina alle sette per preparare prima la colazione, poi il pranzo e passava così l'intera mattinata. A questo punto qualcuno penserà con rimpianto a quelle pietanze preparate per ore, con cura, ma questa era e rimane una tortura, un sacrificio.

Cenare a lume di candela sarà anche romantico, ma non perché non esiste la luce. Il progresso tecnologico procede spesso con una certa violenza, ma di progresso si tratta. Quando fu inventato il telegramma, Marinetti disse che era finita la sintassi, però il telegramma era ed è una cosa utile com'è utile oggi il telefonino, e non per questo penso che adesso scriveremo tutti usando il linguaggio degli sms». È tranquillo Sanguineti, le reazioni apocalittiche, frutto delle molteplici novità, alla prova del quotidiano si ridimensionano da sole: «Credere che lo sviluppo tecnologico possa essere infinito è un'ingenuità. C'è un limite al numero degli aerei che possono volare nei cieli, oltre una certa soglia non sono più possibili il controllo e la sicurezza. Non posso pensare, per esempio, che qui a Genova avremo dieci aeroporti. Certamente ci saranno nuove modalità di estensione del pensiero tecnologico, ma dovranno ancora essere scoperte e rese sicure. Un tempo si pensava che una volta sbarcati sulla Luna ci si sarebbe trasferiti a vivere su Marte...». La frase è ancora sospesa quando Sanguineti esce in strada e con passo rapido si allontana sulla pietra di Salita Pollaioli.

(tratto da A. Begnini, in «Ventiquattro», supplemento a «Il Sole 24 ore»)

C1. Secondo Sanguineti la responsabilità di un intellettuale si esaurisce:

A. ☒ nel raffreddare l'emotività
B. ☐ nell'alzare la voce
C. ☐ nella critica dell'esistente progresso tecnologico
D. ☐ nella proposta di nuovi valori

C2. Quale tesi è espressa da Edoardo Sanguineti in questo testo?

dice che è contro la tecnologia

C3. Indica se i seguenti esempi si riferiscono direttamente all'argomentazione o sono un chiarimento.

	Argomentazione	Chiarimento
a. Esempio del telegramma	X	
b. Esempio dello sbarco sulla luna		X
c. Esempio degli aerei		X
d. Esempio del telefonino	X	

C4. Quale argomentazione viene sostenuta?

A. ☐ Il progresso è sempre positivo
B. ☐ Il progresso non è mai positivo
C. ☒ Il progresso è positivo anche se a volte procede con violenza
D. ☐ Il progresso non esiste

C5. Osserva il testo, quali congiunzioni avversative sono presenti?

A. ☐ Ma
B. ☐ Però
C. ☒ Ma e però
D. ☐ Ma, anche, però

C6. Che cosa significa l'espressione "indulgere a nostalgie" (riga 9)?

A. ☐ Essere contro le novità
B. ☐ Provare malinconia
C. ☐ Generare nostalgia
D. ☒ Rimpiangere

C7. Che cosa fa la natura nei confronti dello sviluppo tecnologico?

A. ☐ Lo favorisce in ogni modo
B. ☐ Pone un limite naturale
C. ☐ È indifferente
D. ☒ Dipende dai casi

C8. Che cosa tiene tra le dita Sanguineti durante l'intervista?

A. ☐ Una macchina da scrivere
B. ☐ Una penna
C. ☒ Una sigaretta spenta
D. ☐ Nulla

C9. Che cos'è la "Olivetti" citata nel testo (riga 7)?

A. ☐ Una marca di sigarette
B. ☐ Una penna
C. ☐ Una matita
D. ☒ Una macchina da scrivere

C10. Inserisci al posto del pronome sottolineato, il nome che sostituisce.

A. Dobbiamo considerare i grandi vantaggi <u>che</u> la tecnologia produce. ....vantaggi....
B. C'è un limite al numero degli aerei <u>che</u> possono volare nei cieli. ....numero....

C11. In quale città vive Sanguineti?

A. ☐ Milano
B. ☒ Genova
C. ☐ Roma
D. ☐ Torino

C12. L'espressione "apocalittiche" (riga 18) significa:

A. ☐ catastrofiche
B. ☐ religiose
C. ☒ mortali
D. ☐ finali

C13. L'espressione "raffreddare l'emotività" (riga 2) in questo contesto significa:

A. ☐ rendere istintivi
B. ☒ aiutare a ragionare
C. ☐ stimolare il sentimento
D. ☐ rendere freddi

C14. Qual è il compito dell'uomo?

A. ☐ Scoprire nuove tecnologie e renderle sicure
B. ☒ Evitare disastri
C. ☐ Quello indicato da Marinetti
D. ☐ Creare molteplici novità

C15. Dove si è svolta la conversazione con Sanguineti?

A. ☒ Sulla Salita Pollaioli
B. ☐ Al bar
C. ☐ In un locale interno nei pressi della Salita Pollaioli
D. ☐ A casa del giornalista

LESSICO

D1. Scegli tra i termini proposti quello corrispondente alla definizione.

A. improvviso gesto di follia = lapsus / raptus

B. pigrizia, oziosità = inerzia / inedia

D2. Completa la tabella inserendo di volta in volta il nome o l'aggettivo corrispondente, come nell'esempio

	Nome	Aggettivo
a.	*Es*. oro	aureo
b.	ghiaccio	....
c.	piombo	....
d.	....	mensile
e.	albero	....
f.	....	eburneo

D3. Leggi con attenzione la voce seguente, tratta da un dizionario. Poi, per ognuna delle affermazioni in tabella, indica se è vera o falsa.

Vertebràto [ver-te-bra-to]

A. agg. di animale che possiede la colonna vertebrale. CONTR. Invertebrato.

B. s.m. al pl. nella tassonomia animale, sottotipo di Cordati con scheletro cartilagineo e osseo, il cui asse è formato dalla colonna vertebrale. Al sing. ogni individuo di tale sottotipo.

	Vero	Falso
a. La parola *vertebrato* ha una parola contraria formata grazie a un prefisso	X	
b. La parola *vertebrato* è utilizzata solo come nome		X
c. La parola *vertebrato* si riferisce esclusivamente al regno animale	X	
d. La parola *vertebrato* è scomponibile in cinque sillabe		X
e. La parola *vertebrato* può essere utilizzata per descrivere prevalentemente gli animali con scheletro cartilagineo	X	
f. La parola *vertebrato* ha più di due significati		X

D4. Collega i vocaboli delle due colonne per formare una parola composta.

a.	cava	1.	rossa
b.	prendi	2.	ombrelli
c.	sali	3.	carro
d.	pelle	4.	tappi
e.	auto	5.	sole
f.	porta	6.	scendi

D5. Indica se le seguenti parole sono alterate o derivate.

	Alterato	Derivato
a. regolarità		X
b. adolescenziale		X
c. fiumiciattolo	X	
d. formalità		X
e. animaletto	X	
f. omuncolo		X

D6. Scegli il corretto sinonimo tra le parole proposte.

A. nembo

fulmine temporale nuvola

B. crine

coda capello pelo acconciatura

D7. Indica se l'espressione sottolineata nelle frasi che seguono è usata:
a) in senso informale (registro basso);
b) in senso neutro (registro standard);
c) in senso formale (registro elevato).

	Registro basso	Registro standard	Registro elevato
a. Stai attento ai gradini perché potresti cadere		X	
b. Ti prego di prestare attenzione ai gradini, per scongiurare il rischio di caduta			X
c. Occhio ai gradini, che altrimenti vai a sbattere!	X		

RIFLESSIONE SULLA LINGUA

E1. Quale segno di punteggiatura è sbagliato nel seguente periodo?
***Dario rispose alla zia: "Per ora non ho ancora preso una decisione definitiva, sulla scuola che frequenterò l'anno prossimo".* (INVALSI 2008-2009)**

A. ☐ I due punti
B. ☐ Le virgolette
C. ☒ La virgola
D. ☐ Il punto

E2. Quale delle seguenti parole corrisponde a questa analisi: nome, maschile, singolare, derivato? (INVALSI 2011-2012)

A. ☐ Libreria
B. ☐ Libresco
C. ☒ Libraio
D. ☐ Libricini

E3. Leggi questo testo:
«Se avessimo prenotato in tempo i biglietti dell'aereo, adesso partiremmo per le vacanze. Temo che ora sia impossibile trovare i biglietti: comunque telefona in agenzia!»

Riporta nella tabella tutte le forme verbali; poi indica per ognuna il modo e il tempo. (INVALSI 2010-2011)

	Forma verbale	Modo	Tempo
a.	se avessimo prenotato	condizionale	passato
b.	partiremmo	indicativo	passato remoto
c.	temo	indicativo	presente
d.	sia	congiuntivo	presente
e.	trovare	infinito	presente
f.	telefona	imperativo	presente

E4. Individua gli elementi che nelle frasi seguenti hanno la funzione di soggetto e trascrivili nello spazio sottostante ad ogni frase. (INVALSI 2007-2008)

A. La regina Elisabetta I d'Inghilterra era figlia di Enrico VIII.
Elisabetta

B. Secondo numerosi studi, nuotare fa bene alla salute.
nuotare

E5. Indica la frase in cui c'è un predicato nominale. (INVALSI 2010-2011)

A. ☒ È un vero campione quel cavallo!
B. ☐ La stanza era illuminata da una luce fioca.
C. ☐ Il tuo libro è sul tavolo.
D. ☐ Il gatto era fuggito sotto il divano.

E6. In quale delle seguenti frasi ci sono contemporaneamente un complemento di luogo e uno di agente? (INVALSI 2009-2010)

A. ☒ Nelle città d'arte le vie e le piazze sono invase dai turisti.
B. ☐ In primavera le rondini ritornano dai paesi africani.
C. ☐ In campagna dalla mia finestra vedo le colline lontane.
D. ☐ In autunno le foglie cadute dagli alberi tappezzano le strade.

E7. Osserva lo schema che segue:

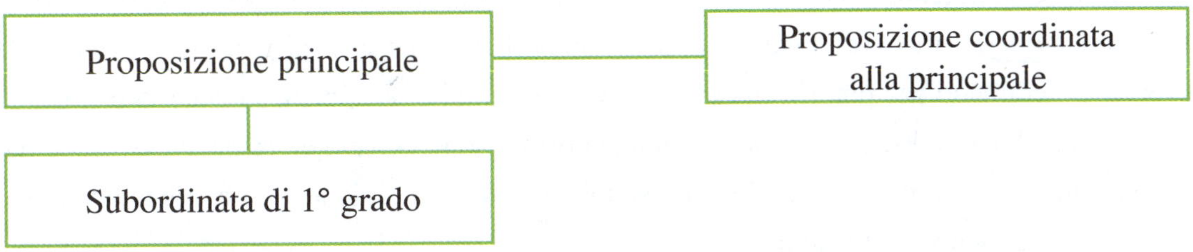

Quale fra i periodi che seguono corrisponde a questo schema di analisi? (INVALSI 2012-2013)

A. ☒ Il mio cane abbaia e mostra i denti agli estranei, ma alla fine non fa male a nessuno.
B. ☐ Sono soddisfatto di non avere sbagliato l'esercizio che mi sembrava tanto difficile.
C. ☐ Per vincere la gara mi allenerò molto e metterò in pratica i consigli dell'allenatore.
D. ☐ Prendi la prima strada a destra e gira subito dopo la piazza che vedi alla tua sinistra.

E8. Nel periodo "Voglio sapere che cosa combini" la frase "che cosa combini" è: (INVALSI 2011-2012)

A. ☐ una frase soggettiva
B. ☐ una frase oggettiva esplicita
C. ☐ una frase consecutiva
D. ☒ una frase interrogativa indiretta

Il mio risultato:

Prova di comprensione del testo A	**.../20**
Prova di comprensione del testo B	**.../15**
Prova di comprensione del testo C	**.../15**
Lessico	**.../7**
Prova sulle conoscenze grammaticali	**.../8**
Punteggio totale	**.../65**

Ho trovato la prova:

☐ Difficile
☐ Più semplice di quanto pensassi
☐ Adeguata alle mie aspettative e capacità
☐ Altro ....

Prova 7

Parte prima - TESTO A (testo narrativo)

IN VISTA DEL CAMPIONATO REGIONALE

Andrea frequenta per la seconda volta la terza, ma lo hanno spostato nella sezione B e nella nuova classe ha subito creato una sorta di coalizione con Michele, che riconosce in lui il carisma del capo e condivide e imita i suoi modi da bullo. Anche Enzo e Sandro, che frequentano la III G, considerano Andrea il loro leader e ne subiscono l'influenza, emulando i suoi atteggiamenti arroganti. Così, insieme, hanno formato una banda che minaccia e talvolta addirittura terrorizza gli alunni più insicuri. Naturalmente il dirigente scolastico e i professori hanno già più volte convocato i loro genitori, hanno anche provato a far riflettere i ragazzi sul loro comportamento e sono arrivati persino a prendere dei severi provvedimenti per punirli, ma tutto è sembrato inutile. È appena suonata la campanella che segnala il cambio dei docenti e i quattro amici si ritrovano nel corridoio, sebbene senza permesso.

– Lo sai che c'è un campionato tra le varie scuole della nostra regione? – dice Enzo ad Andrea.

– E a te chi l'ha detto? – chiede lui.

– Il prof di Scienze motorie… e ne parla già da qualche giorno – spiega l'amico.

– E quando inizierebbe questo campionato? – si incuriosisce Andrea.

– Ma allora a te il prof Serpone non ha detto proprio niente? Io oggi sono stato scelto per far parte della squadra! – si vanta Enzo.

– Serpone lo vedremo domani alla quarta ora – ribatte Andrea.

– Beati voi che giocherete in un campionato, a me e a Sandro il prof non ci prende perché in campo siamo due zombi – si rammarica Michele.

– È normale con i chili di troppo che ho... – ammette Sandro.

– E io sono proprio negato nello sport, a stento riesco a fare due flessioni! – aggiunge Michele

– Ma tu invece sei grande!

– Io non so se giocherò perché per il momento non sono stato ancora scelto – puntualizza Andrea.

Sta per entrare in aula la professoressa Fanni che insegna materie letterarie e, come sempre, dall'arco della porta riprende Andrea e Michele.– Forza, entrate, ma quante volte ancora devo ripetervi che non dovete uscire nel corridoio… – rimprovera la docente – E anche voi due della III G tornate in aula. I quattro la guardano con aria indifferente, come se la professoressa non avesse neanche parlato, ma quando Andrea va a sedersi al suo posto, anche gli altri rientrano in aula. La Fanni infila gli occhiali, guarda il diario di classe, appunta qualcosa, apre poi l'antologia e dice agli alunni che spiegherà una poesia.

– Bene, allora io dormo... – mormora Andrea.

– E io ti seguo! – aggiunge Michele e, subito dopo, finge di russare.

I compagni sentono e iniziano a ridere.

– Tucci e Guardino, risparmiateci le vostre stupidaggini e cercate di stare attenti!
– ribatte la professoressa – E voi non ridete ogni volta che loro fanno una battuta...

– Andrea fa bene a dormire perché non c'è niente di più piacevole... durante queste noiose lezioni
– dice Michele.

Questa volta l'alunno ha parlato ad alta voce allo scopo di creare scompiglio.

– Guardino, sei sempre pronto a seguire il tuo amico – ribatte l'insegnante guardandolo con autorevolezza – Ma ricorda che anche tu hai una personalità e che non è necessario appoggiare Andrea per sentirti qualcuno.

– Prof, lei si sbaglia perché lui non... – s'intromette Tucci per difendere l'amico.

– Adesso basta, si studia, tutti con il libro a pagina 58! – dice la docente, bloccando sul nascere l'intervento di Andrea che preannunciava la solita insolenza.

Andrea vorrebbe far vedere che segue la lezione perché perdere un altro anno a scuola sarebbe proprio da stupidi, ma dopo pochi minuti la sua mente è già al campionato che si dovrà giocare. "Chissà se Serpone mi sceglierà" pensa tra sé mentre disegna sul quaderno un pallone, e non vede l'ora che finisca la lezione di italiano per poter andare a parlare con il professore. "Forse non mi prenderà nella squadra perché ce ne sono tanti a scuola che giocano bene a calcio" riflette, e inizia a elencare sul foglio i probabili alunni che potrebbero essere scelti. La Fanni gli arriva accanto senza che lui se ne accorga.

– Bene, pensi al calcio invece di stare attento a ciò che dico...
Già sei ripetente, sei indisciplinato e continui a comportarti male! – lo sgrida – Ma cosa ti potrebbe far cambiare?

– Il calcio è molto più interessante della letteratura – risponde il ragazzo.

– Per questa risposta indisponente ti dovrei mettere una nota – minaccia la professoressa.

Alberto Cantone, un compagno di classe che è al primo banco, accenna una maliziosa risatina di compiacimento nei confronti della punizione. È la sua vendetta per essere stato ingiustamente offeso, giorni prima, da Tucci. Andrea lo vede e si alza infuriato, lo afferra per il maglione e gli chiede per quale motivo stia ridendo.

– Così... mi è uscito... scusami! – risponde Alberto remissivo.

E già si è pentito di aver manifestato quell'accenno di vendetta contro il bullo della classe, a cui nessuno può ribellarsi. Sfidare Tucci significa mettersi nei guai e lui lo ha fatto come uno sciocco.

L'insegnante, da quando Andrea si è alzato e si è avventato sul compagno, continua a ripetergli di sedersi, ma inutilmente. Andrea continua a tenere Alberto per il maglione e a strattonarlo con violenza. Cantone inizia ad avere paura e, sperando di calmare l'aggressore, cerca di sdrammatizzare ciò che ha fatto, ma alla paura si è aggiunta anche la rabbia. Se solo fosse un po' più alto darebbe a Tucci un pugno in faccia e lo stenderebbe, ma non ci prova nemmeno. Non osa neanche immaginare le conseguenze di uno scontro con lui, anzi con loro, ora che anche Michele ha raggiunto il suo capo e lo incita a farsi rispettare. La Fanni prova a dividerli, è esausta, anche altri compagni accorrono, ma invano. Andrea è in preda all'ira e agisce con foga maltrattando la sua vittima. Allora la professoressa pensa che, prima che lo scontro peggiori, sia necessario andare a chiamare un bidello che possa separarli, ma appena apre la porta si trova davanti il collega Serpone.

– Prova tu a fermare Tucci! Cerca di far ragionare quel bulletto! – si sfoga nervosamente la Fanni

– E naturalmente Guardino spalleggia Tucci peggiorando le cose!

Serpone guarda Andrea e Michele, ma è su Tucci che ferma uno sguardo severo perché sa che è lui il responsabile di tali situazioni.

– Ritornate a posto – ordina il docente.

Michele ritorna al suo banco, lo fa poi anche Andrea con un volto scurito da cattivi pensieri. Dopo quello che ha fatto è certo che il professore lo escluderà dalla squadra.

– Come al solito Tucci si comporta male e Guardino lo segue – commenta il professore di Scienze motorie – Peccato… perché ero entrato proprio per dire ad Andrea che avrebbe fatto parte della squadra che parteciperà al campionato scolastico regionale… Ma adesso dovrò rivedere la mia scelta e decidere se convocare un altro alunno al suo posto.

– Però… magari giocando a calcio in modo serio, Andrea capirà che nella vita occorrono disciplina e quel senso di solidarietà verso i compagni che a lui manca! – suggerisce la Fanni, come se avesse avuto un'illuminazione.

Serpone intuisce il messaggio che le sta inviando la collega. Anche lui è convinto che un ragazzo difficile, come lo è Tucci, possa cambiare in meglio attraverso la pratica di uno sport che lo appassioni davvero.

– Domani alle quindici vieni puntuale a scuola perché iniziano gli allenamenti, ma prima di entrare in campo voglio parlarti – dice allora Serpone.

Andrea risponde: – Grazie.

Il suo cuore è sincero e quasi si metterebbe a saltare tra i banchi per la gioia. Forse i professori non sono tutti degli aguzzini come lui da qualche anno crede.

A1. Nella parte iniziale del brano che hai letto viene detto che:

A. ☐ Enzo, Sandro, Andrea e Michele frequentano la III B
B. ☐ Enzo, Sandro, Andrea e Michele frequentano la III G
C. ☒ Andrea e Michele frequentano la III B, Enzo e Sandro frequentano la III G
D. ☐ Andrea e Sandro frequentano la III B, Enzo e Michele frequentano la III G

A2. Indica quali dei seguenti aggettivi sono riferiti ad Andrea e quali no. Metti una crocetta per ogni riga.

	Sì	**No**
a. Ripetente	X	
b. Negato nello sport		X
c. Bulletto	X	
d. Indifferente	X	
e. Malizioso		X

A3. Che cosa vuole fare Andrea nella lezione della professoressa Fanni?
Indica l'azione e la riga in cui è espressa.

Lui vuole dormire ....

A4. Alle righe 42-43 si dice: "*dice la docente, bloccando sul nascere l'intervento di Andrea che preannunciava la solita insolenza*". Che cosa significa la parola "*insolenza*"?

A. ☐ Azione irrispettosa e arrogante
B. ☒ Azione violenta
C. ☐ Azione che passa inosservata
D. ☐ Azione maliziosa

A5. Andrea vorrebbe far vedere che segue la lezione perché:

A. ☐ vuole essere scelto per la squadra di calcio
B. ☐ vuole far contenta la professoressa Fanni
C. ☐ apprezza molto le lezioni di letteratura italiana
D. ☒ sarebbe da stupido perdere un altro anno facendosi bocciare

A6. Alberto Cantone ridacchia quando Andrea viene rimproverato perché:

A. ☐ il compagno ha fatto una battuta troppo divertente
B. ☒ lo vede come una vendetta per le offese ingiuste rivoltegli da Andrea
C. ☐ vuole dare manforte al compagno
D. ☐ è contento che la professoressa Fanni si sia arrabbiata

A7. L'espressione "Forse i professori non sono tutti degli aguzzini" (righe 93-94) significa:

A. ☒ i professori non sempre sanno capire gli studenti
B. ☐ i professori non sempre sanno fare le scelte giuste
C. ☐ i proff Fanni e Serpone non vanno sempre d'accordo
D. ☐ Non sa se si potrà fidare della promessa di Serpone

A8. Serpone è:

A. ☒ il professore di scienze motorie
B. ☐ il professore di lettere
C. ☐ il preside
D. ☐ il miglior amico di Andrea

A9. Quale dei seguenti aggettivi <u>non</u> è sinonimo di "esausta" (riga 69)?

A. ☐ Stremata
B. ☐ Spossata
C. ☒ Bizzarra
D. ☐ Esaurita

A10. Andrea è descritto nelle prime righe del testo come:

A. ☒ Un bullo
B. ☐ Uno studente molto intelligente
C. ☐ Uno studente molto attento alle lezioni
D. ☐ Un calciatore affermato

A11. Perché Andrea attende con ansia di incontrarsi con Serpone?

A. ☐ Con lui si diverte sempre
B. ☐ Così finisce in fretta la lezione della prof. Fanni
C. ☐ Deve chiedergli una cosa
D. ☒ Spera che lo convochi per la squadra della scuola

A12. Nel testo si può ricavare che Guardino è:

A. ☐ il cognome di Andrea
B. ☐ il cognome di Alberto
C. ☒ il cognome di Michele
D. ☐ il cognome di Enzo

A13. Qual è la causa della maliziosa risata di Alberto?

A. ☒ La minaccia della prof. Fanni di dare una nota ad Andrea
B. ☐ L'affermazione insolente di Andrea
C. ☐ Andrea e Michele sono usciti in corridoio durante l'intervallo
D. ☐ Serpone non ha convocato Andrea in squadra

A14. Cosa significa l'espressione "Guardino spalleggia Tucci" (riga 74)?

A. ☐ Lo trattiene per le spalle
B. ☐ Gli fa le spallucce
C. ☒ Lo sostiene
D. ☐ Lo prende a spallate

A15. Cosa significa il termine "leader" (riga 4)?

A. ☐ Collega
B. ☒ Capo
C. ☐ Compagno
D. ☐ Amico

A16. La frase "Bene, allora io dormo" (riga 30) vuole essere:

A. ☐ una richiesta
B. ☐ una sfida
C. ☐ un proverbio
D. ☒ un'interrogazione

A17. Perché Andrea si trova nella sezione B?

Andrea si trova nella sezione B perché è stato bocciato
....

A18. I puntini di sospensione (…) nella frase: "Così… mi è uscito… scusami!" (riga 60) indicano che Alberto:

A. ☒ ha paura
B. ☐ vuole prendere in giro Andrea
C. ☐ balbetta, non sa parlare
D. ☐ è senza fiato

A19. Come reagisce Andrea alla convocazione nella squadra della scuola?

A. ☐ È indifferente
B. ☒ È contento
C. ☐ È arrabbiato
D. ☐ È preoccupato

A20. Il brano si concentra sulla:

A. ☒ narrazione dei fatti
B. ☐ descrizione della classe
C. ☐ riflessione sui problemi della classe di Andrea
D. ☐ presentazione della situazione familiare di Andrea

Parte prima - TESTO B (testo espositivo)

LE GROTTE DI FRASASSI

LE GROTTE DI FRASASSI

Le grotte di Frasassi sono delle grotte carsiche sotterranee che si trovano nel territorio del comune di Genga, in provincia di Ancona. Il complesso delle grotte ricade all'interno del Parco naturale regionale della Gola della Rossa e di Frasassi.
Il complesso è formato da una serie di grotte, la cui temperatura interna è di 14°C costanti. La visita ha una durata di 75 minuti. Il percorso è lungo 1500 metri ed è facilmente accessibile. I gruppi sono accompagnati da guide professionali fornite dal Consorzio Frasassi. È consigliata la prenotazione.
Per il ritiro dei biglietti prenotati è necessario trovarsi in biglietteria 30 minuti prima dell'orario dell'ingresso prenotato.

ABISSO ANCONA

L'Abisso Ancona è la prima parte della grotta apparsa ai suoi scopritori ed ha preso il nome della loro città di provenienza. È un'enorme cavità, forse tra le più grandi in Europa e nel mondo, che presenta queste dimensioni: 180 metri di lunghezza, 120 metri di larghezza e 200 metri di altezza. Nel fondo della cavità si può osservare un caotico ammasso di blocchi, risultato dei movimenti distruttivi e dei crolli che si sono verificati nel corso dei millenni e che hanno dato origine all'Abisso Ancona.

LAGHETTO CRISTALLIZZATO

Guardando in basso sulla destra si può notare l'"angolo del paradiso", mentre in alto sulla parete sinistra la "fetta di pancetta". Inoltrandosi nel percorso turistico, sulla destra in basso, è visibile un laghetto cristallizzato a seguito della saturazione di un bacino di acqua ad opera del carbonato di calcio, successivo alla evaporazione e alla variazione del livello idrico nel tempo. Sopra questa cristallizzazione è presente una stalagmite ferrigna di oltre due metri sulla quale, lateralmente, si è originata una piccola concrezione bianca. Vista in prospettiva, la sua forma particolare ha stimolato la fantasia doviziosa degli speleologi che l'hanno battezzata con enfasi il "diavolo con la candela".

CASCATA DEL NIAGARA

Altro particolare che colpisce l'attenzione del visitatore è il "Niagara", una colata bianchissima di calcite allo stato puro, anch'essa di notevoli dimensioni. La sala Abisso Ancona si conclude con un vistoso abbassamento della volta, dopo il quale inizia la seconda sala, designata "sala dei duecento".

CASTELLO FATINE

Ai margini del laghetto di cristallo si erge il "castello della fatina", così battezzato per il suo aspetto di guglie e pinnacoli.

I GIGANTI

Al centro della sala domina l'imponente gruppo di stalagmiti millenarie denominate "I giganti". Valutati il diametro (2 m - 5 m) e l'altezza (1,50 m - 20 m), possono essere sicuramente considerate le più importanti stalagmiti della grotta. Da questo luogo, osservando la cupola dell'"Abisso Ancona", è possibile vedere l'apertura naturale attraverso la quale, il memorabile giorno del 29 settembre 1971, i primi speleologi si sono calati all'interno del complesso ipogeo per annunciare al mondo la loro scoperta, "Albo signanda lapillo".

SALA 200

Il nome dell'ambiente è riferito alla sua lunghezza la cui estensione misura 200 metri circa.

CASTELLO DELLE STREGHE

All'inizio ci sono delle concrezioni bizzarre, tutte tendenti al colore rossastro. Una di queste si è formata su una roccia precipitata dalla volta ed è formata da tante stalagmiti simili a guglie fra le quali una ha raggiunto nella crescita una stalattite del soffitto, formando la "Colonna". Questo gruppo di concrezioni è stato chiamato "castello rosso" o "castello delle streghe".

OBELISCO

Sulla volta, appena percettibile, una stalattite lunga 7,40 metri, menzionata la "spada di Damocle" e voluminosi camminamenti in collegamento con i piani superiori della grotta. Di fronte al visitatore (nella direzione del senso di marcia), domina solitario e imponente l'"obelisco", considerato da sempre il punto di riferimento per tutti gli speleologi che hanno operato nella grotta. Questa stalagmite, che ha per base una enorme roccia caduta dall'alto, ha un'altezza di circa 15 metri compreso il basamento. A fianco, in un angolo di grotta, su una colata simile ad una tavolozza, si trova un'ampia gamma di colori: il bianco, il terroso, il rosa con lievi sfumature di grigio cenere, caratteristico dell'ossido di manganese.

SALA BARBARA

Superato l'obelisco, sulla sinistra in basso si può vedere un pozzo che dà l'accesso alla "Sala Barbara".

GRAN CANYON

Il nome dell'ambiente è riferito al fatto che si attraversano dei crepacci in fondo ai quali si trovano cavità completamente allagate in quanto raggiungono la falda freatica, vale a dire lo stesso livello del fiume Sentino, che si snoda all'esterno lungo la Gola di Frasassi.

CANNE D'ORGANO

Si tratta di un gruppo di stalattiti parallele che sembrano formare un organo e che, se colpite delicatamente, danno suoni diversi.

SALA CANDELINE

Si incontrano ai bordi di un laghetto numerose esili stalagmiti che danno forma alla preziosa "Sala delle Candeline", dove in ogni luogo la natura ha dispiegato l'originalità eccentrica della sua insuperabile autenticità.

SALA INFINITO CON LA SALA DELL'ORSA

Presenta imponenti esempi di pozzi con livello base, cioè le condotte forzate verticali attraverso le quali risalivano le acque sulfuree.

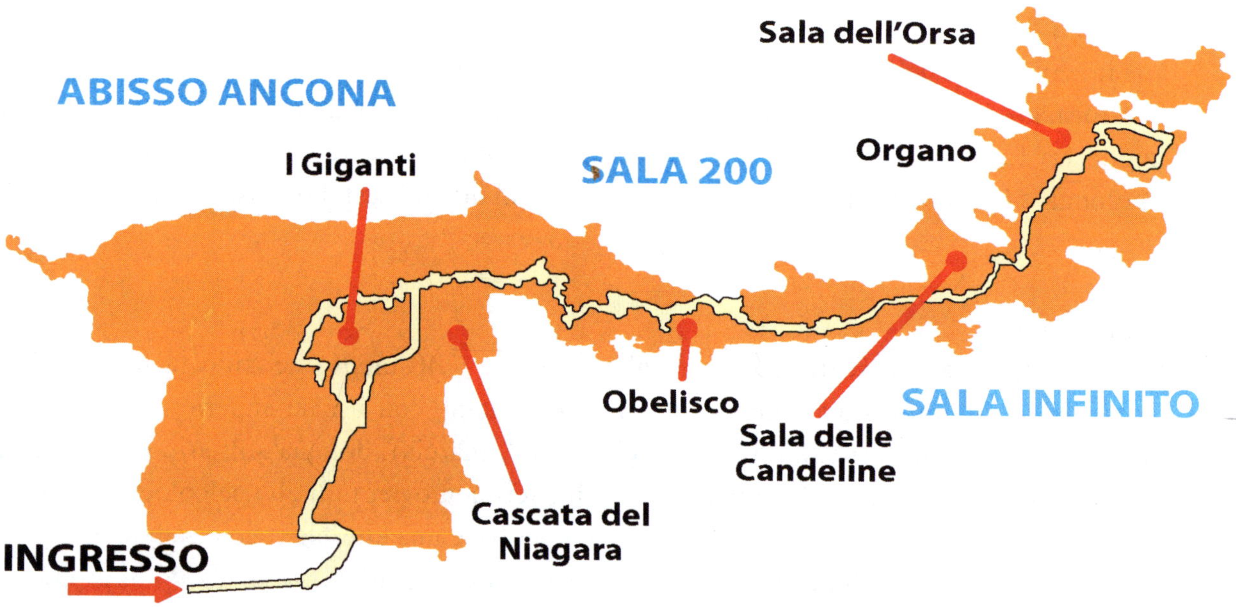

B1. In base al testo, indica se le seguenti affermazioni, relative alle grotte di Frasassi, sono vere o false.

	Vero	Falso
a. Le grotte di Frasassi si trovano nelle Marche	X	
b. Il complesso è formato da un'unica lunga grotta		X
c. Si tratta di grotte create per scopi militari		X
d. La grotta è chiamata anche Gola Rossa	X	
e. Il territorio in cui si sviluppano le grotte è carsico	X	

B2. I primi scopritori delle grotte provenivano da:

A. ☐ Frasassi
B. ☐ Ancona
C. ☒ Genga
D. ☐ Barbara

B3. Indica quale sala presenta imponenti pozzi.

A. ☐ Gran Canyon
B. ☒ Sala Canne d'organo
C. ☐ Sala Candeline
D. ☐ Sala dell'Orsa

B4. Quale elemento è considerato il punto di riferimento per gli speleologi?

Il punto di riferimento degli speleologi è l'obelisco

B5. Dall'osservazione della figura 1 si può concludere che:

A. ☐ La sala dei Giganti non appartiene all'"Abisso Ancona"
B. ☐ La Cascata del Niagara appartiene alla sala 200
C. ☐ La sala 200 segue l'Abisso Ancona
D. ☒ La sala 200 segue la Sala Infinito

B6. Osserva la figura: quale elemento è collocato in prossimità del centro della grotta?

A. ☒ L'obelisco
B. ☐ I giganti
C. ☐ L'ingresso
D. ☐ L'organo

B7. In quale sala è presente un laghetto?

A. ☐ Sala dell'Orsa
B. ☐ Abisso Ancona
C. ☒ Sala delle Candeline
D. ☐ Sala dei Giganti

B8. Che cosa è chiamato dagli speleologi "il diavolo con la candela"?

A. ☒ Una piccola concrezione bianca con una forma particolare
B. ☐ Due stalattiti che sembrano corna diaboliche
C. ☐ Un'area rossa di forma diabolica
D. ☐ Una macchia all'ingresso della grotta

B9. A cosa fa riferimento il nome "Sala 200"?

A. ☒ Alla larghezza della sala
B. ☐ Alla lunghezza della sala
C. ☐ All'altezza della sala
D. ☐ All'anno della sua scoperta

B10. Chi è "Damocle" (riga 52)?

A. ☐ Il coordinatore della squadra di speleologi delle grotte
B. ☐ Il feudatario che possedeva il territorio delle grotte
C. ☐ Uno scrittore greco
D. ☒ Un personaggio mitologico

B11. Osservando la figura, si può dedurre che è possibile percorrere le grotte in qualsiasi senso?

Sì ....

B12. Che cosa significa la parola "stalagmiti", più volte riportata nel testo?

A. ☐ Colonne calcaree che sostengono la volta della grotta
B. ☐ Formazioni calcaree pendenti dalla sommità delle grotte
C. ☒ Formazioni calcaree colonnari che risalgono dal pavimento
D. ☐ Sculture calcaree orizzontali

B13. Come si conclude l'"Abisso Ancona"?

Si conclude dicendo come si è formato l'abisso Ancona

B14. Quanto dura mediamente la visita?

A. ☒ 75 minuti
B. ☐ 60 minuti
C. ☐ 30 minuti
D. ☐ Dipende dall'interesse dei visitatori

B15. Da cosa puoi dedurre che la visita alle grotte non è gratuita?

Per il ritiro dei biglietti ....

....

Parte prima - TESTO C (testo narrativo)

IL RAGAZZO DI DAMASCO

Il ponte che da Malmö corre per quasi sedici chilometri fino a raggiungere Copenaghen, taglia in due, per gran parte del lungo giorno nordico, un cielo azzurro rallegrato da nuvole sparse che sembrano ricci di panna. In estate, infatti, una luce insistente, straordinariamente brillante, avvolge le belle e sinuose architetture di una città, antica e nuova, dove uomini e donne, residenti e turisti, si muovono tranquilli. Nelle piazze, nelle strade, nei locali pubblici regnano una serenità e una calma che sembrano mostrare quello che c'è di meglio nelle persone. Tutta questa pace fa pensare a Haidair, un ragazzo siriano di sedici anni, di trovarsi nel bel mezzo di un sogno, in una delle poche ore di sonno di un viaggio lungo 6244 chilometri. Poi, il sorriso canuto e stanco del padre, ancora sofferente per le fatiche sostenute, lo scuote come la puntura di uno spillo. «Con queste – dice l'uomo mostrandogli le due carte di credito consegnategli dall'ufficio emigrazione svedese – «potremo ricominciare. 2005 corone non sono tante. Siamo poveri!» – esclama ridendo l'uomo – «Poveri ma liberi!» e questa volta piange di gioia. Il figlio lo abbraccia, ancora un po' stordito, senza mai perdere di vista lo smartphone dove c'è quel che resta del suo passato, compreso il diario del mese più difficile della sua giovane esistenza.

Tutto era iniziato la mattina dell'11 giugno del 2015 e da allora, per la durata dell'intero viaggio, Haidair ha raccontato al suo migliore amico la sua odissea su whatsapp. Testimonianze brevi, scritte spesso in condizioni drammatiche, ma precise, puntuali e che ora, sulla panchina del giardino dell'albergo che ospita i rifugiati, il ragazzo ripercorre quasi a riprova di avercela fatta.

Il primo ricordo è quello del padre alla guida di un'auto che ospita gran parte della sua famiglia: oltre al genitore, infatti, ci sono la sorella, il cognato e i due figli della coppia. Più che la scena di una fuga sembra quella della partenza per le vacanze, ma è un'impressione. Le facce non sono certo quelle di chi sta per godersi le ferie e il pacco di soldi avvolti con il cellophane che l'uomo alla guida – un funzionario del governo in pensione di quasi sessant'anni, vedovo da tre – tiene sotto la cintura, non sono certo destinati ai divertimenti estivi. I discorsi, poi, sono quelli di chi sa che passeranno molti anni prima di ripercorrere a ritroso quella strada. Già a pochi chilometri da Damasco la malinconia per la patria che sta per essere abbandonata si fa sentire, tuttavia com'è possibile vivere in una nazione dove non c'è più elettricità, manca l'acqua potabile e le scuole sono chiuse? Dove le esplosioni e le morti violente sono all'ordine del giorno? Lo stesso Haidair aveva visto pochi giorni prima della partenza un suo cugino saltare in aria dilaniato da una bomba. E poi, tra pochi mesi, il ragazzo avrebbe compiuto diciassette anni e sarebbe stato costretto ad arruolarsi nell'esercito di Assad. Nonostante questo, non è facile lasciarsi alle spalle una città che, secondo molti, sarebbe la più antica del mondo, con i suoi minareti che svettano severi ed eleganti, le moschee imponenti, i palazzi ricchi di storia, di bellezze bizantine e arabe e le piazze un tempo traboccanti di merci, di voci e odoranti di mille spezie.

«Al confine la polizia non ha creato problemi» legge Haidair. «I passaporti sono in ordine e l'aspetto di serio e onesto servitore dello Stato di papà, i bambini che ridono e giocano, mia sorella e mio cognato bravi a far finta di essere sereni, hanno fatto sì che gli agenti credessero alla storia delle vacanze. Una volta in Libano saliamo su un traghetto per raggiungere Mersin, sulla costa turca. Successivamente, con un pullman turistico, arriviamo nella città turca di Smirne, tappa obbligata per tanti turisti, ma oggi anche per migliaia di persone che vogliono fuggire dalla Siria. Ed è qui, infatti, che papà prende contatti con tre scafisti: un curdo, un turco e un tunisino. È strano vedere un signore così per bene, un uomo che per una vita ha frequentato solo impiegati e funzionari statali, trattare con gente senza scrupoli e spesso violenta. All'accordo si arriva presto: 1900 dollari ciascuno per raggiungere in gommone la Grecia. "Una traversata breve e sicura", avevano assicurato e, invece, abbiamo tutti rischiato di morire. In acque internazionali una motovedetta greca con a bordo dei soldati ferma l'imbarcazione ma, al posto di scortarla fino alla prima isola, compie un gesto inqualificabile. Due militari picchiano il ragazzo che è al timone e rubano il motore, prima di sparire all'orizzonte senza nessuna pietà neanche per le donne e i bambini. A quel punto il gommone inizia a sgonfiarsi e a imbracare acqua. Una ventina di uomini, compreso me, si butta nel mare gelido per alleggerire il carico e tentare di spingere il gommone sulla terra ferma. Un disperato, vano tentativo destinato a fallire miseramente. Siamo convinti che sia finita: c'è chi piange, chi si dispera, chi, ammutolito, stringe tra le braccia la moglie o i figli o chi maledice Assad. Solo il provvidenziale arrivo della guardia costiera turca evita la tragedia».

«Che fai? Ancora con quello smartphone!» esclama con tono di rimprovero il padre di Haidair. «Così ti rovinerai gli occhi». Tuttavia l'uomo sa benissimo che cosa sta facendo il figlio. È il cuore, non gli occhi, che soffre mentre il ragazzo rilegge quei drammatici appunti. Vorrebbe smettere, ma non riesce a distogliere lo sguardo da quel racconto. Forse arriverà il momento, forse dimenticherà. Per ora, però, ha ancora bisogno di ripercorrere le tappe di un viaggio che gli ha cambiato la vita allontanandolo, forse per sempre, dalla sua città, dal suo quartiere, dai suoi amici. Per questo scuote la testa riccioluta come per dire: "Papà, non posso fermarmi", e riprende a leggere, mentre l'uomo torna a sorseggiare con avidità il caffè che il medico gli ha vietato.

«È il 23 di giugno. Sono passati dodici giorni dalla partenza da Damasco e quattro dallo sbarco sull'isola greca di Lesbo. La stanchezza è diventata insopportabile. Insieme a iracheni, afgani e tantissimi altri siriani, aspettiamo di essere identificati, altrimenti non potremo proseguire il viaggio. Il cibo è scarso e l'acqua razionata. Il nervosismo è alle stelle e i fuggiaschi litigano tra di loro appena se ne presenta l'occasione e, infatti, le risse sono continue. I bambini hanno tutti la diarrea, piangono in continuazione. Anche molti adulti cominciano ad avere problemi di salute e qualcuno ha finito le medicine. Io ho la febbre alta e neanche un'aspirina da poter prendere. Finalmente siamo identificati e registrati nel centro profughi. Così è possibile raggiungere Atene per decidere come organizzare il resto del viaggio. In un albergo della capitale greca papà, che sta mostrando una risolutezza e un coraggio che non conoscevo, cerca di procurarsi delle carte d'identità italiane per tentare di raggiungere l'Italia e poi la Germania. Gli sono state promesse da un siriano in cambio di 600 euro a testa. Mio padre si fida di lui. Del resto come si possono ingannare dei compatrioti in difficoltà? Invece l'ha fatto. Ci ha consegnato dei documenti in una busta e poi è sparito. Quando scopriamo che si tratta di copie, tra l'altro anche mal riprodotte, è troppo tardi. Così non ci resta che andare a Salonicco in pullman per poi superare il confine tra Grecia e Macedonia a piedi. Lo facciamo di notte, attraversando una foresta fitta e buia. Siamo un centinaio di siriani, compresi molti bambini. Divorati dagli insetti, devastati dai graffi causati dalla vegetazione fitta, ci orientiamo con i Gps dei cellulari. Papà, avendo smarrito le scarpe, indossa un paio di ciabatte e ha i piedi che sanguinano. Finalmente arriviamo a Gervhelija, la prima città macedone dopo il confine. Siamo esausti e domani, 2 luglio, entreremo in Serbia, passando per le montagne. Chissà se sopravviveremo al freddo e alla fatica. Ma non c'è alternativa».

Haidair alza gli occhi dallo smartphone. Di fronte a lui un gruppo di suoi coetanei svedesi si diverte a fare acrobazie con lo skateboard, approfittando dell'ampio spazio senza traffico che si trova di fronte all'albergo. Le loro voci, i loro sorrisi, i loro occhi azzurri come il cielo di Malmö li fa sembrare al ragazzo siriano, che è appena tornato dall'inferno, come angeli leggeri e spensierati. Vorrebbe unirsi a loro, mostrare la sua abilità e raccontare di quando sfrecciava con lo skate tra le moschee e i minareti di Damasco.

«Il gruppo si è ridotto a settantacinque. Gli altri hanno deciso di riposare qualche giorno prima di riprendere il viaggio. Noi siamo invece intenzionati a proseguire senza soste. Ci aspettano sette ore di cammino. Il pericolo numero uno è il freddo, poi i banditi. Si tratta di delinquenti che assaltano i profughi che percorrono questa via. Noi lo sapevamo perciò quando sono sbucati dal buio, puntando un coltello alla gola di mio cognato e urlando di consegnare loro i soldi, gli uomini più robusti li hanno affrontati mettendoli in fuga. Nel frattempo ci siamo dispersi e solo per caso ci ritroviamo in una cittadina oltre il confine serbo. Ora il pericolo non sono i banditi, ma la polizia. Ci obbligano con i calci a inginocchiarci per terra in cerchio. Per fortuna qualche passante riprende con il cellulare la scena e allora i militari la smettono. Ci portano alla centrale, prendono le impronte digitali e ci lasciano andare. Arriviamo a Belgrado, distrutti dagli stenti e dalla paura. Raggiungiamo un parco e crolliamo per il sonno. Il riposo dura poco perché presto un gruppo di agenti ci manda via dicendo che quel posto è riservato a persone normali. Ma al peggio non c'è mai fine. Giungiamo in Ungheria il 5 luglio. Eravamo stati informati dell'atteggiamento ostile delle autorità ungheresi nei confronti dei profughi, ma non immaginavamo di essere trattati come bestie. Dopo aver camminato per quindici chilometri veniamo prelevati dalla polizia che ci rinchiude in uno stanzone. Lì rimaniamo per ore senza né mangiare né bere, maltrattati e insultati. Poi ancora una volta registrazione, impronte digitali e foto segnaletiche. Finalmente riusciamo ad ottenere una camera d'albergo. Dei letti normali, dei servizi igienici civili, delle docce. Rimane il problema di come proseguire il viaggio fino in Svezia, la nostra meta. Siamo avvicinati da due signori ungheresi che si offrono di portarci in Germania. Pretendono 700 euro a persona.

I soldi sono quasi finiti e accettare quella proposta significa rimanere quasi al verde. Ma come si può dire di no? Con una macchina di grossa cilindrata raggiungiamo Monaco di Baviera.

Ormai non riusciamo neanche a sentire la stanchezza. Siamo pallidi, dimagriti, debilitati. Quello che sta peggio è papà il quale, infatti, si accascia al suolo quasi svenuto. In ospedale dicono che è un problema di cuore e lo obbligano a stare due giorni a letto. Noi partiamo lo stesso per

Amburgo in treno, lui ci raggiungerà appena starà meglio. La voglia di libertà lo rimette in sesto velocemente, così, insieme, dalla città tedesca, raggiungiamo Copenaghen e con un traghetto approdiamo finalmente a Malmö. Un mese dopo la nostra partenza».

Haidair fissa come ipnotizzato quell'ultimo whatsapp. Poi uno skate urta sul suo piede e lo riporta alla realtà. Una ragazza con un caschetto di capelli dorati, in un inglese gentile, pare chiedergli scusa o forse lo invita a seguirlo. Il ragazzo venuto da Damasco è sorpreso, non sa che fare. Ci pensa la giovane a toglierlo dall'imbarazzo porgendogli la mano. Solo allora si alza lasciandosi guidare sotto il cielo azzurro di Malmö e lo sguardo fiero dell'anziano genitore.

C1. Nella parte iniziale del brano che hai letto si parla del ponte che collega Malmö a Copenaghen; quali stati collega?

A. ☐ Svezia e Finlandia
B. ☒ Svezia e Danimarca
C. ☐ Germania e Danimarca
D. ☐ Francia e Germania

C2. Indica quali affermazioni sono vere e quali sono false:

	Vero	Falso
a. Haidair ha raccontato la sua odissea al suo migliore amico in un diario	X	
b. Haidair è un ragazzo di quasi 17 anni		X
c. Il viaggio di Haidair si è concluso l'11 giugno 2015		X
d. Il viaggio da Smirne alla Grecia costa 1900 euro a persona	X	
e. La città di Gervhelija si trova in Macedonia	X	

C3. A quale nazionalità appartengono i tre scafisti con cui il padre di Haidair cerca di prendere contatto?

Il 1° era curdo, il 2° turco e il 3° tunisino

C4. Quando Haidair e suo padre sbarcano nell'isola di Lesbo?

A. ☒ 23 giugno
B. ☐ 11 giugno
C. ☐ 19 giugno
D. ☐ Dal testo non è possibile risalire a questa informazione

---

C5. Che cosa significa il verbo "imbracare" (riga 49):

A. ☐ rubare
B. ☐ rafforzare
C. ☐ rivestire
D. ☒ imbarcare

C6. Che cosa fanno i ragazzi di Malmö?

A. ☒ Fanno acrobazie con gli skateboard
B. ☐ Trattano male i profughi
C. ☐ Cercano di truffare i profughi
D. ☐ Denunciano i profughi

C7. Dove devono andare Haidair e suo padre per poter espatriare in Macedonia?

A. ☐ A Mersin
B. ☐ A Smirne
C. ☐ A Lesbo
D. ☒ A Salonnicco

C8. Cosa significa il termine "cellophane" (riga 22)?

A. ☐ Foglio trasparente usato generalmente per i prodotti alimentari
B. ☐ Involucro per cellulari
C. ☐ Documento per poter espatriare
D. ☒ Sistema per comunicare con i propri cari in patria

C9. Quale dei seguenti aggettivi è sinonimo di "razionata" (riga 67)?

A. ☐ Ragionata
B. ☐ Venduta
C. ☒ Limitata
D. ☐ Consumata

C10. Come arriva Haidair ad Amburgo?

A. ☐ A piedi
B. ☒ In treno
C. ☐ In auto
D. ☐ Sul gommone

C11. Qual è il nemico numero uno per i migranti?

A. ☐ I banditi
B. ☐ La pioggia
C. ☐ La polizia di confine
D. ☒ Il freddo

C12. Chi si comporta in modo insensibile verso i profughi?

A. ☐ Il governo italiano
B. ☐ Il governo greco
C. ☒ I militari di una motovedetta greca
D. ☐ I militari svedesi

C13. Che cosa promettono al padre di Haidair in cambio di 600 euro a testa?

A. ☐ Carte d'identità greche
B. ☒ Carte d'identità italiane
C. ☐ Un lavoro onesto e sicuro
D. ☐ Il trasporto in Germania

C14. Cosa significa l'espressione "Papà non posso fermarmi" (riga 61)?

A. ☐ Che ha fretta di arrivare
B. ☒ Che l'hanno obbligato a leggere
C. ☐ Che ha bisogno di rivivere i momenti tristi del viaggio
D. ☐ Che deve per forza leggere la storia al suo amico

C15. Cosa significa il termine "minareti" (riga 32)?

A. ☒ Torre della moschea
B. ☐ Campo minato
C. ☐ Reti antimine
D. ☐ Rete di mine

C16. A chi i banditi hanno puntato un coltello alla gola?

A. ☐ Ad Haidair
B. ☐ Al padre di Haidair
C. ☒ Al cognato di Haidair
D. ☐ Ad uno scafista

C17. Perché il padre di Haidair dice "Siamo poveri! Poveri ma liberi!"?

Sono Poveri ma Liberi perché stanno scappando dalla Siria

C18. Che importanza ha nella fuga di Haidair lo smartphone?

Perché serve per informarlo

C19. Chi è il soggetto della frase "La voglia di libertà lo rimette in sesto velocemente (righe 118-119)?

A. ☐ La libertà
B. ☐ La voglia
C. ☒ Il padre di Haidair
D. ☐ Haidair

C20. Spiega perché la frase finale "Solo allora si alza lasciandosi guidare sotto il cielo azzurro di Malmö e lo sguardo fiero dell'anziano genitore" può essere considerata un lieto fine della triste storia di Haidair.

Il finale è triste perché è morto il padre

Prova 7

LESSICO

D1. Quale delle seguenti voci verbali non è un sinonimo del verbo "contrattare"?

A. ☐ negoziare
B. ☒ valutare
C. ☐ patteggiare
D. ☐ mercanteggiare

D2. Trova tra le parole che seguono, tutte formate con l'elemento "auto", l'unica in cui "auto" non significa "da sé / di se stesso".

A. ☐ Autodidatta
B. ☒ Autosufficiente
C. ☐ Autopulente
D. ☐ Autore

D3. Nella frase: "È un uomo grossolano e dal carattere irascibile" compaiono due aggettivi, "grossolano" e "irascibile". Individua per ciascuno di questi due aggettivi un sinonimo e un contrario.

Metti una crocetta per ogni riga e ogni colonna.

Aggettivi	Sinonimi	Contrari
Grossolano	☐ malvestito ☐ sporco ☒ rozzo	☒ raffinato ☐ astuto ☐ intelligente
Irascibile	☐ sensibile ☒ collerico ☐ risoluto	☒ calmo ☐ indifferente ☐ superficiale

D4. Scrivi la parola che corrisponde alla definizione.

Esempio: Edificio adibito ad abitazione dell'uomo: (nome che inizia per c) *casa*

Costruire un'opera in muratura: (verbo che inizia con e) edificio

D5. Scegli fra le quattro alternative proposte quella che completa la parola o la frase evidenziata (forma cioè una "collocazione lessicale").

Esempio: dilazionare...

☐ un argomento ☒ un pagamento ☐ una fessura ☐ una spia

.... una regola

A. ☐ Fare B. ☐ Trasgredire C. ☐ Realizzare D. ☒ Stipulare

D6. Nelle frasi che seguono manca la stessa parola, usata con significati di volta in volta diversi. Scrivi la parola mancante nella casella corrispondente.

Esempio:

Al telegiornale hanno trasmesso un interessante .... sul tema del riciclo dei rifiuti

Il .... da tè in mostra è decorato in oro

Il .... di leva obbligatorio è stato abolito per legge

Parola corretta: servizio

1. Il suo .... di battaglia è il gioco delle carte.
2. Se riusciamo a convincere Marta siamo a ....
3. Purtroppo ieri Luca era di nuovo, KO aveva una febbre da ....

Parola mancante: ...Cavallo...

RIFLESSIONE SULLA LINGUA

E1. Quale delle seguenti frasi contiene un errore?

A. ☐ Un'amica mi ha aiutato a finire gli esercizi.
B. ☒ L'incendio è stato spento dalle bidelle con un'estintore.
C. ☐ Michael non riesce a vivere senza un pallone.
D. ☐ Un buon raccoglitore sa trovare un sacco di funghi.

E2. Nella frase "Carlo ha studiato scienze tutto il pomeriggio (...) ma non ha preso la sufficienza", quale segno di interpunzione va posto nella posizione indicata dalle parentesi?

A. ☐ virgola
B. ☒ punto e virgola
C. ☐ due punti
D. ☐ punto esclamativo

E3. Indica quale valore ha il "che" nelle seguenti frasi:

	Congiunzione	Pronome relativo	Pronome interrogativo/ esclamativo
a. Che bello!	X		
b. Monica, che è caduta da cavallo, è ora in ospedale		X	
c. Ti dico che devi smetterla!			X
d. Mi restituisci il libro, che ti ho prestato?		X	
e. Che ne pensi?			X

E4. Inserisci il tempo e il modo verbale corretto:

A. Se potessi, ti ....comprerei.... (comprare) quel paio di scarpe!
B. Mi piacerebbe che tu ....facessi.... (fare) quello che ti ho detto!

E5. Nella frase "Simone si sta allenando da mesi <u>per la gara</u>", il complemento sottolineato è:

A. ☐ di tempo
B. ☐ di causa
C. ☒ di fine
D. ☐ di termine

E6. Riporta la forma passiva delle seguenti frasi (e viceversa)

ATTIVO	PASSIVO
Dennis aveva bucato le sue scarpe nuove	Le scarpe nuove sono state bucate da Dennis
Una banda di teppisti ha aggredito Davide	Davide è stato aggredito da una banda di teppisti

E7. Quale di queste congiunzioni può unire queste due frasi: "Mi metto il costume/vado in piscina"?

A. ☐ Affinché
B. ☒ Cosicché
C. ☐ Dopo che
D. ☐ Quando

E8. Quale dei seguenti periodi contiene una coordinata?

A. ☐ Riccardo ha vinto la lotteria.
B. ☐ Simone sarebbe venuto con noi a Berlino/ ma ha problemi economici.
C. ☒ Ho preso una pastiglia /per il mal di denti
D. ☐ Samuele mi ha raccontato che sei caduto in un fosso.

E9. Nel periodo: " Le prometto/ che vado a fare i compiti/ che mi ha assegnato", la frase "che mi ha assegnato" è:

A. ☐ Una subordinata di 1° grado esplicita
B. ☐ Una coordinata
C. ☐ Una subordinata di 1° grado implicita
D. ☒ Una subordinata di 2° grado esplicita

Il mio risultato:

Prova di comprensione del testo A	**.../20**
Prova di comprensione del testo B	**.../15**
Prova di comprensione del testo C	**.../20**
Lessico	**.../6**
Prova sulle conoscenze grammaticali	**.../9**
Punteggio totale	**.../70**

Ho trovato la prova:

☐ Difficile
☐ Più semplice di quanto pensassi
☐ Adeguata alle mie aspettative e capacità
☐ Altro ....

Prova 8

Parte prima - TESTO A (testo narrativo)

IL SEGRETO DEL SUCCESSO

Il fattorino si affacciò alla porta: «Avvocato» disse «c'è quel tal Ribeletti...». L'avvocato Tolei ebbe un gesto di impazienza e sbuffò: «Ditegli che vada all'inferno! Io non me lo voglio più vedere davanti!». «Va bene, signor avvocato» rispose il fattorino, «Glielo dico subito». E si avviò verso la porta. Ma l'avvocato Tolei lo richiamò: «Aspetta!». Resipiscenza, voi direte. Io, che non conosco per niente il significato della parola, non posso far altro che darvi ragione: resipiscenza certamente. Ma non per questo si può condannare l'avvocato Tolei: era logico che dicesse così in un primo tempo e che poi ci ripensasse. Non tutti i seccatori possono essere mandati al diavolo: ci sono i seccatori semplici, ma ci sono anche i seccatori che hanno in tasca la raccomandazione di un pezzo grosso, e mandare all'inferno loro sarebbe un po' come mandare all'inferno il pezzo grosso.

Quel tal Ribeletti che attendeva al varco l'avvocato Tolei aveva appunto in tasca una raccomandazione di tal genere. Come si poteva fare? «Allora, cosa gli dico?» chiese il fattorino dopo un po'. «Digli che sono occupato» rispose, in seguito a matura riflessione, l'avvocato Tolei. Il fattorino uscì, e, di lì a poco, si udì la voce del famoso Ribeletti risuonare nell'anticamera: «Va bene, grazie, aspetto». L'avvocato spezzò con un morso rabbioso la cannuccia che teneva tra le mani. «L'infame aspetta!» mugolò. «Egli non ha dunque capito che io non lo riceverò mai neanche se cascasse il mondo». In verità quel tal Ribeletti doveva essere un po' ottuso se ancora non l'aveva capita: era già la terza volta in due giorni che si sentiva ripetere la stessa cosa: «L'avvocato è occupato». L'avvocato Tolei oramai era convinto di aver a che fare con un imbecille, un imbecille che non poteva far cacciare fuori a pedate, però, perché era un imbecille raccomandato: la genìa più pericolosa degli imbecilli. L'avvocato decise quindi di adottare il sistema della resistenza passiva. La mattina del giorno seguente il fattorino si affacciò di nuovo: «C'è ancora quel tal Ribeletti». «Gli hai detto che sono occupatissimo?» domandò l'avvocato. «Signorsì» rispose il fattorino desolato. «Ma lui ha detto che aspetta.» «Crepi!» sogghignò l'avvocato. E riprese a lavorare, dimenticandosi completamente del seccatore. A mezzogiorno, quando l'avvocato stava per uscire dall'ufficio, il fattorino si affacciò sgomento: «Signor avvocato, non potete uscire: è ancora in anticamera, vi vedrà. Si è portato la colazione, mangerà qui, ha detto: così risparmia i soldi per ritornare in tram nel pomeriggio».

L'avvocato si sentì perduto. «Roba da matti!» esclamò invaso dal furore. «Roba che se me lo trovo davanti lo strozzo quanto è vero che sono io!» Il fattorino ebbe un lampo di genio: «La porta che dà sulla scala!». Effettivamente l'ufficio comunicava con la scala per mezzo di una porticina: però davanti alla porticina era stato messo un pesante armadio. Bisognò spostarlo: aiutato dal fattorino l'avvocato ci riuscì e poté mettersi in salvo. Nel pomeriggio l'avvocato rientrò in ufficio per la porticina. «È ancora là» lo avvertì prontamente il fattorino. «Ci resti!»

esclamò cattivo l'avvocato. Oramai l'avvocato Tolei non passava più per l'anticamera; entrava e usciva sempre per la porticina sulla scala: dall'anticamera entravano solo i clienti, i quali oramai credevano che quel tale Ribeletti fosse un usciere o qualcosa di simile. Quel tale Ribeletti infatti, secondo quanto riferiva all'avvocato il fattorino, era diventato un prodigio di puntualità: arrivava alla mattina alle otto meno cinque, consumava il suo frugale pasto in anticamera e usciva alla sera alle diciannove e quindici. Un giorno il fattorino entrò sgomento: «Signor avvocato» singhiozzò «ora non va più a casa alla sera: si è portato una piccola branda da campo che di giorno nasconde dietro il paravento e di notte apre in mezzo alla stanza!». Passò del tempo: un giorno l'avvocato sentì venire dall'anticamera il ticchettio di una macchina da scrivere: cos'era questa faccenda? La sua macchina, l'avvocato l'aveva lì davanti, e di macchine ne aveva una sola. Chiamò il fattorino: «Di chi è quella macchina?». «È sua, di quel tal Ribeletti» rispose il fattorino. «L'ha portata già da parecchi giorni e fa dei lavoretti per i clienti: è svelto e guadagna parecchi soldarelli. Ma è buono e mi ha dato la mancia anche stamattina, anzi dice che se avete qualcosa da copiare non facciate complimenti perché adesso prende anche una dattilografa». L'avvocato si morse le mani, ma non disse nulla: voleva spuntarla e l'avrebbe certamente spuntata. Passò ancora del tempo: gli affari andavano piuttosto maluccio per il nostro ottimo avvocato Tolei, ed egli era un po' preoccupato. Ma una mattina, il fattorino si affacciò e gli comunicò: «Signor avvocato, dice quel tal... cioè, dice l'avvocato Ribeletti se volete associarvi a lui: ha parecchie cause e da solo non ce la fa. Dice se volete passar da lui in anticamera domani mattina perché è molto occupato...». Fu così che nacque lo studio degli avvocati «Ribeletti & G.».

Morale.

Il segreto del successo è la costanza. Insistere, mai darsi per vinti. Verrà il giorno in cui coglierete il successo. Io non ho questa forza: ma se voi invece l'avrete, arriverete dove vorrete arrivare. E, se la gloria vi bacerà in fronte, ricordatevi di me.

(tratto da Giovanni Guareschi, *Lo Zibaldino*, Rizzoli, 1968)

Prova 8

A1. Il racconto si apre con:

A. ☐ un dialogo tra il dottor Ribeletti e il dottor Tolei
B. ☒ un dialogo tra il dottor Tolei e il suo fattorino
C. ☐ la descrizione della scena
D. ☐ la presentazione dei personaggi

A2. Il significato del termine "resipiscenza" è:

A. ☒ sconosciuto anche al narratore
B. ☐ spiegato nelle prime righe del testo
C. ☐ ritenuto noto a tutti
D. ☐ spiegato dal fattorino all'avvocato Tolei

A3. Indica se le seguenti azioni sono compiute dall'avvocato Tolei o dall'avvocato Ribeletti.

	Avvocato Tolei	**Avvocato Ribeletti**
a. Mangiare in studio per risparmiare sul biglietto del tram		X
b. Farsi credere sempre occupatissimo	X	
c. Uscire dall'ufficio tramite una porticina che dà sulle scale	X	
d. Dormire in ufficio		X
e. Battere a macchina testi per i clienti		X

A4. Chi è un prodigio di puntualità?

A. ☐ Il fattorino
B. ☐ L'avvocato Tolei
C. ☒ L'avvocato Ribeletti
D. ☐ Uno dei clienti

A5. Nella frase "non facciate complimenti <u>perché adesso prende anche una dattilografa</u>" (riga 48) che valore ha la proposizione sottolineata rispetto alla frase reggente?

A. ☐ Una conseguenza
B. ☒ Una causa
C. ☐ Uno scopo
D. ☐ Un'ipotesi

A6. Perché il fattorino deve spostare un pesante armadio?

Perché così avv. Tolei poteva uscire dall'ufficio tramite la scala

A7. Che cosa significa il termine "genìa" (riga 21)?

A. ☐ Un insieme di geni
B. ☐ È il femminile di genio
C. ☒ Stirpe
D. ☐ Geniale

A8. Perché l'avvocato Ribeletti attende con tenacia nello studio dell'avvocato Tolei?

A. ☒ Per essere ricevuto
B. ☐ Per rivedere il suo vecchio amico
C. ☐ Per avere una raccomandazione
D. ☐ Per passare un po' di tempo in compagnia

A9. Che cos'è l'"anticamera", citata nel testo (riga 14)?

A. ☐ Un ambiente che sostituisce le camere negli studi e negli uffici
B. ☐ Un ambiente blindato che impedisce di entrare in camera
C. ☐ Una segretaria che regola gli accessi alla stanza dell'avvocato
D. ☒ Un ambiente di attesa che precede le stanze

A10. Che cosa significa l'espressione "Roba da matti" (riga 29)?

A. ☐ Cose eccezionali
B. ☐ Sto diventando pazzo!
C. ☒ È una follia!
D. ☐ Tu sei pazzo

A11. Qual è il segreto del successo?

A. ☒ La costanza
B. ☐ Chiedere
C. ☐ Non aver paura di disturbare
D. ☐ Essere raccomandati

A12. Che cosa significa il termine "dattilografa" (riga 48)?

A. ☐ Chi raccoglie i dati
B. ☐ Chi scrive i dati
C. ☐ Chi prende nota delle date
D. ☒ Chi scrive a macchina

A13. "occupatissimo" (riga 23) è:

A. ☐ un aggettivo qualificativo superlativo relativo
B. ☒ un aggettivo qualificativo superlativo assoluto
C. ☐ un aggettivo qualificativo comparativo relativo
D. ☐ un aggettivo indefinito

A14. Quale di queste frasi non è pronunciata dal dottor Tolei?

A. ☐ Roba da matti
B. ☒ C'è ancora quel tal Ribeletti
C. ☐ Crepi
D. ☐ Di chi è quella macchina?

A15. Indica quale funzione assume il connettivo "che" nelle seguenti frasi tratte dal testo.

	Congiunzione	**Pronome relativo**
a. Io, che non conosco per niente il significato della parola, non posso	X	
b. Era logico che dicesse così		X
c. Ci sono anche i seccatori che hanno in tasca la raccomandazione		X
d. Gli hai detto che sono occupatissimo?	X	
e. Dice che se avete qualcosa da copiare non facciate complimenti		X

A16. In base al testo indica se le seguenti frasi riferite dal fattorino sono vere o false?

	Vero	**Falso**
a. L'avvocato Ribeletti non va più a casa la sera	X	
b. L'avvocato Ribeletti fa lavoretti per i clienti	X	
c. L'avvocato Tolei dovrebbe ricevere il suo ospite		X
d. Io sono un tipo resipiscente		X
e. L'infame aspetta		X
f. Signor avvocato, non potete uscire: è ancora in anticamera	X	

A17. Chi ha dato la mancia al fattorino?

A. ☒ L'avvocato Ribeletti
B. ☐ L'avvocato Tolei
C. ☐ Un cliente
D. ☐ Nessuno

A18. "là" (riga 34) ha valore di:

A. ☐ articolo determinativo
B. ☐ avverbio di luogo
C. ☒ pronome dimostrativo
D. ☐ aggettivo identificativo

A19. Nelle righe 46-47 sono contenuti due nomi alterati diminutivi. Individuali e trascrivili.

lavoretti e soldarelli ....

A20. Il racconto ha lo scopo di:

A. ☐ divertire
B. ☒ insegnare
C. ☐ divertire e insegnare
D. ☐ rimproverare

Parte prima - TESTO B (testo regolativo)

FOCACCIA

La **focaccia** è una specialità diffusa in tutto il nostro Paese; si tratta sostanzialmente di una pasta di pane condita, a seconda dei casi, con olio, burro o strutto. È un piatto molto semplice, ma ovviamente può essere arricchito in molti modi diversi con l'aggiunta di erbe aromatiche, verdure ecc. Le preparazioni tradizionali di focaccia di qualche zona d'Italia sono particolarmente famose in tutta la nostra penisola; un esempio eclatante è la ***focaccia alla genovese***, nota anche come fügassa ed è questa preparazione che proponiamo di seguito.

La scheda

Tempo: 1h 30'
Difficoltà: bassa
Costo: medio
Vini: si consiglia un vino rosato, brillante, dal sapore delicato leggermente fruttato
Calorie: 340 kcal/100 g

La ricetta della focaccia alla genovese

Per la preparazione della focaccia alla genovese sono necessari i seguenti ingredienti (le dosi sono calcolate per 6 persone):

- 400 ml di acqua
- 600 g di farina Manitoba[1]
- 25 g di lievito di birra
- 140 ml di olio extravergine di oliva
- 15 g di sale
- 2 cucchiaini di malto

Scaldare un po' l'acqua fino a farla intiepidire, sciogliervi il sale e poi aggiungere il malto, 40 ml di olio extravergine di oliva, metà della farina e mescolare finché non si ottiene una pasta

[1] **La farina Manitoba** è una farina di grano tenero del Nord America di ottima qualità. Questo tipo di farina prende il nome dalla zona di produzione dove inizialmente cresceva un grano forte e resistente al freddo: Manitoba, vasta provincia del Canada, che, a sua volta, prende il nome da Manitou, lo spirito universale amerindo.

ben omogenea e abbastanza liquida. Aggiungere il lievito di birra sbriciolato e impastare per 3 minuti circa; a questo punto aggiungere il resto della farina e riprendere a impastare il tutto fino al momento in cui non si sarà ottenuto un composto ben omogeneo che a questo punto risulterà abbastanza appiccicoso.

Versare 50 ml di olio extravergine di oliva sulla teglia che sarà usata per la cottura; spolverizzare un piano di lavoro con poca farina e disporvi sopra l'impasto preparato in precedenza; lavorare l'impasto dandogli una forma rettangolare, metterlo sulla teglia preparata precedentemente e spennellare l'impasto con l'olio che era stato messo nella teglia. Far lievitare il tutto per un'ora e 30 minuti a circa 30 °C; trascorso questo tempo, il volume dell'impasto dovrebbe essere pressoché raddoppiato.

A questo punto prendere l'impasto e stenderlo per tutta la superficie della teglia, facendo bene attenzione che al di sotto sia presente ancora dell'olio; poi spennellare con olio la superficie della focaccia e cospargerla con del sale grosso. Lasciare a lievitare il tutto a 30 °C per altri 30 minuti circa, dopodiché premere l'impasto con i polpastrelli, imprimendo nella sua superficie i buchi che caratterizzano la focaccia. Terminata questa operazione, cospargere il tutto con il rimanente olio extravergine di oliva (circa 50 ml) e lasciare ancora a lievitare per circa 30 minuti a 30 °C. Trascorso questo tempo, spruzzare la focaccia con un po' d'acqua e metterla per circa un quarto d'ora nel forno (già riscaldato) a 200 °C. Trascorso il quarto d'ora togliere la focaccia dal forno e farla intiepidire su una gratella[2] prima di tagliarla.

Focaccia: le curiosità

Oltre alla tipica focaccia genovese di cui abbiamo parlato precedentemente, c'è un'altra focaccia ligure molto famosa, quella al formaggio di Recco. Sembra che la sua nascita risalga ai tempi della terza crociata quando i recchesi, pressati dall'invasione dei saraceni, si ritirarono nell'entroterra. Avendo pochi ingredienti a disposizione (acqua, farina di semola, olio e formaggetta) idearono questa particolare focaccia che da allora è diventata un prodotto tipico della zona. Verso la fine del XIX secolo la focaccia al formaggio di Recco veniva servita nelle trattorie nel periodo della ricorrenza dei morti. Pian piano, nel XX secolo, con l'esplosione turistica, questo piatto cominciò a essere servito durante tutto il corso dell'anno e non più solo nei giorni della ricorrenza.

(Testo adattato da http://www.albanesi.it/cucina/ricette/focaccia.htm)

2 Piccola griglia per cuocere alla brace carne, pesce ecc.

B1. La focaccia è una specialità:

A. ☐ diffusa in tutto il nord Italia

B. ☐ originaria di Recco

C. ☐ tipica del sud Italia

D. ☒ diffusa in tutta Italia

B2. In generale quali tipi di condimento si possono aggiungere alla pasta di pane?

A. ☒ Olio, strutto e burro
B. ☐ Olio e burro
C. ☐ Burro e strutto
D. ☐ Olio e strutto

B3. La ricetta è finalizzata alla realizzazione di:

A. ☐ una focaccia con formaggio
B. ☒ un solo tipo di focaccia, quella "alla genovese"
C. ☐ un impasto base per tutti i tipi di focaccia
D. ☐ una focaccia con verdure

B4. Con quale termine dialettale viene definita la focaccia genovese? Rintraccia l'informazione nel testo e scrivila nello spazio sottostante.

..........fugassa..........

B5. Rileggi con attenzione il paragrafo "*La scheda*": quali informazioni sono rintracciabili? Metti una croce dove ritieni opportuno.

	Informazione	Si rintraccia	Non si rintraccia
a.	Indicazione (in euro) del costo		X
b.	Difficoltà di esecuzione	X	
c.	Tempo di esecuzione	X	
d.	Provenienza degli ingredienti		X
e.	Indicazione delle calorie	X	
f.	Abbinamento con vini	X	

B6. La dicitura 340 kcal/100 g (paragrafo "*La scheda*") significa che:

A. ☐ ogni kilogrammo di prodotto contiene 340 kcal
B. ☐ ogni porzione contiene 340 kcal
C. ☒ cento grammi di prodotto finito contengono 340 kcal
D. ☐ ogni persona che mangia questo piatto assume 340 kcal

B7. Gli ingredienti della ricetta consentono la realizzazione di un piatto per:

A. ☐ quattro persone
B. ☐ cinque persone
C. ☐ un numero imprecisato di persone
D. ☒ sei persone

B8. Rileggi il paragrafo "*La ricetta della focaccia alla genovese*" con particolare attenzione agli ingredienti. Metti una croce dove ritieni opportuno, indicando se le affermazioni sono vere o false.

	Vero	Falso
a. Si possono utilizzare vari tipi di olio		X
b. Si deve aggiungere sale a piacimento		X
c. Servono 400 ml di acqua	X	
d. È previsto l'uso di farina Manitoba	X	
e. Servono 50 g di malto		X
f. È necessario del lievito di birra	X	

B9. Cosa significa l'espressione "composto ben omogeneo" (riga 26)?

A. ☒ Insieme di ingredienti ben amalgamato
B. ☐ Impasto ben cotto
C. ☐ Prodotto finito
D. ☐ Mescolanza di condimenti vari

B10. Quale voce verbale potrebbe sostituire "Spolverizzare" (riga 28)?

A. ☐ Ridurre in polvere
B. ☐ Togliere lo strato di sostanze o alimenti
C. ☒ Cospargere di uno strato sottile di sostanza simile alla polvere
D. ☐ Spolverare

B11. La focaccia deve essere cosparsa di

A. ☐ sale fino
B. ☐ scaglie di formaggio
C. ☒ sale grosso
D. ☐ salsa di pomodoro

B12. A cosa serve "premere l'impasto con i polpastrelli"? Rintraccia l'informazione nel testo e scrivila nello spazio sottostante.

Premere l'impasto con i polpastrelli imprimendo nella sua superficie i buchi che caratterizzano la focaccia.

B13. Dopo aver riletto con attenzione il paragrafo "*La ricetta della focaccia alla genovese*", disponi nel giusto ordine le fasi di preparazione del piatto, numerandole da 1 a 12. Per aiutarti abbiamo inserito tre numeri.

8 prendere l'impasto e stenderlo per tutta la superficie della teglia, cospargere di olio e sale
10 cospargere il tutto con olio extravergine di oliva (circa 50 ml) e lasciare ancora a lievitare per circa 30 minuti a 30 °C
5 versare 50 ml di olio extravergine di oliva sulla teglia e spolverizzare un piano di lavoro con poca farina e disporvi sopra l'impasto preparato in precedenza
11 spruzzare la focaccia con un po' d'acqua e metterla per circa un quarto d'ora nel forno (già riscaldato) a 200 °C
9 lasciare a lievitare il tutto a 30 °C per altri 30 minuti circa, dopodiché premere l'impasto con i polpastrelli
1 scaldare l'acqua e aggiungere ingredienti
7 far lievitare il tutto per un'ora e 30 minuti a circa 30 °C
3 aggiungere il lievito di birra e impastare per 3 minuti circa
12 togliere la focaccia dal forno e farla intiepidire su una gratella
2 mescolare per ottenere una pasta omogenea e abbastanza liquida
4 aggiungere farina e impastare il tutto fino a ottenere un composto appiccicoso
6 lavorare l'impasto dandogli una forma rettangolare

B14. Come definiresti lo stile comunicativo utilizzato dall'autore?

A. ☐ Semplice
B. ☒ Diretto e ordinato
C. ☐ Colloquiale
D. ☐ Poco comprensibile

B15. Rileggi con attenzione il paragrafo "*Focaccia: le curiosità*" e metti una croce dove ritieni opportuno, indicando se le affermazioni sono vere o false.

	Vero	Falso
a. La focaccia di Recco è stata inventata dai Saraceni		X
b. Acqua, farina di semola, olio e formaggio sono gli ingredienti della focaccia di Recco		X
c. Durante la terza crociata i recchesi si ritirarono nell'entroterra	X	
d. Verso la fine del XIX secolo la focaccia al formaggio veniva servita tutto l'anno tranne che nel periodo della ricorrenza dei morti		X
e. Dal XX secolo la focaccia al formaggio viene servita tutto l'anno	X	
f. Il turismo ha agevolato la diffusione della focaccia di Recco	X	

B16. Il testo si pone l'obiettivo principale di:

A. ☒ dare istruzioni
B. ☐ ingolosire
C. ☐ informare
D. ☐ dimostrare una tesi

Parte prima - TESTO C (testo narrativo)

ROOSEVELT E LA MADONNA DI VIGGIANO

Sotto il letto stanno gli animali: lo spazio è così diviso in tre strati: per terra le bestie, sul letto gli uomini, e nell'aria i lattanti. Io mi curvavo sul letto, quando dovevo ascoltare un malato, o fare una iniezione a una donna che batteva i denti per la febbre e fumava per la malaria; col capo toccavo le culle appese, e tra le gambe mi passavano improvvisi i maiali o le galline spaventate. Ma quello che ogni volta mi colpiva (ed ero stato ormai nella maggior parte delle case) erano gli sguardi fissi su di me, dal muro sopra il letto, dei due inseparabili numi tutelari. Da un lato c'era la faccia negra ed aggrondata e gli occhi larghi e disumani della Madonna di Viggiano[1]; dall'altra, a riscontro, gli occhietti vispi dietro gli occhiali lucidi e la gran chiostra dei denti aperti nella risata cordiale del Presidente Roosevelt[2], in una stampa colorata. Non ho mai visto, in nessuna casa, altre immagini: né il Re, né il Duce, né tanto meno Garibaldi, o qualche altro grand'uomo nostrano, e neppure nessuno dei santi, che pure avrebbero avuto qualche buona ragione per esserci: ma Roosevelt e la Madonna di Viggiano non mancavano mai. A vederli, uno di fronte all'altra, in quelle stampe popolari, parevano le due facce del potere che si è spartito l'universo: ma le parti erano giustamente invertite: la Madonna era, qui, la feroce, spietata, oscura dea arcaica della terra, la signora saturniana di questo mondo: il Presidente, una specie di Zeus, di Dio benevolo e sorridente, il padrone dell'altro mondo. A volte, una terza immagine formava, con quelle due, una sorta di trinità: un dollaro di carta, l'ultimo di quelli portati di laggiù, o arrivato in una lettera del marito o di un parente, stava attaccato al muro con una puntina sotto alla Madonna o al Presidente o tra l'uno e l'altro, come uno Spirito Santo, o un ambasciatore del cielo nel regno dei morti. Per la gente di Lucania, Roma non è nulla: è la capitale dei signori, il centro di uno Stato straniero e malefico. Napoli potrebbe essere la loro capitale, e lo è davvero, la capitale della miseria, nei visi pallidi, negli occhi febbrili dei suoi abitatori, nei "bassi" dalla porta aperta pel caldo, l'estate, con le donne discinte che dormono a un tavolo, nei gradoni di Toledo; ma a Napoli non ci sta più, da gran tempo, nessun re; e ci si passa soltanto per imbarcarsi. Il Regno è finito: il regno di queste genti senza speranza non è di questa terra. L'altro mondo è l'America. Anche l'America ha, per i contadini, una doppia natura. È una terra dove si va a lavorare, dove si suda e si fatica, dove il poco denaro è risparmiato con mille stenti e privazioni, dove qualche volta si muore, e nessuno più ci ricorda; ma nello stesso tempo, e senza contraddizione, è il paradiso, la terra promessa del Regno. Non Roma o Napoli, ma New York sarebbe la vera capitale dei contadini di Lucania, se mai questi uomini senza Stato potessero averne una. E lo è, nel solo modo possibile per loro, in un modo mitologico. Per la sua doppia natura, come luogo di lavoro essa è indifferente: ci si vive come si vivrebbe altrove, come bestie legate a un carro, e non importa in che strade lo si debba tirare; come paradiso, Gerusalemme celeste, oh! allora, quella non si può toccare, si può soltanto contemplarla, di là dal mare, senza mescolarvisi. I contadini vanno in America, e rimangono quello che sono: molti vi si fermano, e i loro figli diventano americani: ma gli altri, quelli che ritornano, dopo vent'anni, sono identici a quando erano partiti. In tre mesi le poche parole d'inglese sono dimenticate, le poche superficiali abitudini abbandonate, il contadino è quello di prima, come una pietra su cui sia passata per molto tempo l'acqua di un fiume in piena, e che il primo sole in pochi minuti riasciuga. In America, essi vivono a parte, fra di loro: non partecipano alla vita americana, continuano per anni a mangiare pan solo, come a Gagliano, e risparmiano i pochi dollari: sono vicini al paradiso, ma non pensano neppure ad entrarci. Poi, tornano un giorno in Italia, col proposito di restarci poco, di riposarsi e salutare i compari e i parenti: ma ecco, qualcuno offre loro una piccola terra da comperare, e trovano una ragazza che conoscevano bambina e la sposano, e così passano i sei mesi dopo i quali scade il loro permesso di ritorno laggiù, e devono rimanere in patria. La terra comperata è carissima, hanno dovuto pagarla con tutti i risparmi di tanti anni di lavoro americano, e non è che argilla e sassi, e bisogna pagare le tasse, e il raccolto non vale le spese, e nascono i figli, e la moglie è malata, e in pochissimo tempo è tornata la miseria, la stessa eterna miseria di quando, tanti anni prima, erano partiti. E con la miseria torna la rassegnazione, la pazienza, e tutti i vecchi usi contadini: in breve questi americani non si distinguono più in nulla da tutti gli altri contadini, se non per una maggiore amarezza, il rimpianto, che talvolta affiora, d'un bene perduto. Gagliano è piena di questi emigranti ritornati: il giorno del ritorno è considerato da loro tutti un giorno di disgrazia. Il 1929 fu l'anno della sventura, e ne parlano tutti come d'un cataclisma. Era l'anno della crisi americana, il dollaro cadeva, le banche fallivano: ma questo, in generale, non colpiva i nostri emigrati, che avevano l'abitudine di mettere i loro risparmi in banche italiane, e di cambiarli subito in lire. Ma a New York c'era il panico, e c'erano i propagandisti del nostro governo, che, chissà perché, andavano dicendo che in Italia c'era lavoro per tutti e ricchezza e sicurezza, e che dovevano tornare. Così moltissimi, in quell'anno di lutto, si lasciarono convincere abbandonarono il lavoro, presero il piroscafo, tornarono al paese, e vi restarono invischiati come mosche in una ragnatela. Eccoli di nuovo contadini, con l'asino e la capra, eccoli partire ogni mattina per i lontani borghi di malaria. Altri conservano invece il mestiere che facevano in America; ma qui, al paese, non c'è lavoro, e si fa la fame. – «Maledetto il 1929, e chi mi ha fatto tornare!» – mi diceva Giovanni Pizzilli, il sarto, mentre mi prendeva le misure in pollici, con complicati e originali e moderni sistemi americani per l'abbassamento della spalla, e non so che altro, per un vestito alla cacciatora. Era un artigiano intelligente, abilissimo nel suo mestiere, come se ne trovano pochi nelle più celebrate sartorie di città, e mi fece, per cinquanta lire di fattura, il più bell'abito di velluto che io abbia mai portato. In America guadagnava bene, ora era in miseria, aveva già quattro o cinque figli non sperava più di risollevarsi, e sul suo viso ancor giovane era scomparsa ogni traccia di energia e di fiducia, per lasciarvi una continua, disperata espressione di angoscia.

(tratto da Carlo Levi, *Cristo si è fermato a Eboli*
http://www.scuolanticoli.com/libri/levi/cristo.pdf)

[1] **Viggiano:** Comune della alta Val d'Agri, Basilicata, provincia di Potenza.
[2] **Roosevelt:** Presidente degli Stati Uniti d'America in carica dal 1933 al 1945.

C1. Quale mestiere svolge il narratore della vicenda?

A. ☒ Il medico
B. ☐ Il contadino
C. ☐ Il sarto
D. ☐ Il farmacista

C2. La zona d'Italia descritta nel brano è afflitta da una grave malattia che viene citata più volte: di cosa si tratta?

A. ☐ Pellagra
B. ☐ Tifo
C. ☐ Depressione
D. ☒ Malaria

C3. Le prime righe del testo descrivono in modo particolareggiato gli ambienti di una tipica casa abitata da contadini. Quale elemento fa capire che si tratta di abitazioni povere e degradate?

A. ☐ Presenza di immagini appese alle pareti
B. ☒ Coabitazione in spazi ristretti di uomini e animali
C. ☐ Scarsità di cibo nella dispensa
D. ☐ Assenza di letti

C4. Rileggi con attenzione il periodo che comincia con "*Ma quello che ogni volta mi colpiva...*" e le righe precedenti, a partire dall'inizio del brano. La congiunzione coordinante avversativa *Ma* ci fa capire che il narratore:

A. ☐ è più stupito per ciò che ha già detto in precedenza rispetto a ciò che sta per descrivere
B. ☒ è più stupito per ciò che sta per dire rispetto a ciò che ha detto nei periodi precedenti
C. ☐ non si stupisce più di nulla
D. ☐ vuole prendere le distanze da ciò che vede

C5. Che cosa si intende con l'espressione "*grand'uomo nostrano*" (riga 10)?

A. ☐ Famoso politico della storia della Basilicata
B. ☐ Capo di governo italiano
C. ☐ Uomo dalle grandi capacità intellettuali
D. ☒ Illustre personaggio storico italiano

C6. Il narratore si stupisce del fatto di non trovare "*neppure nessuno dei santi, che pure avrebbero avuto qualche buona ragione per esserci*" (righe 10-11). Perché sarebbe stato più naturale trovare in quelle case immagini di santi?

A. ☒ Perché si riteneva che i santi proteggessero e aiutassero i poveri
B. ☐ Perché i contadini non erano particolarmente religiosi
C. ☐ Perché le immagini dei santi possono compiere spesso miracoli
D. ☐ Perché nel paese si veneravano molti santi

C7. A quali divinità sono paragonate la Madonna di Viggiano e il Presidente Roosevelt? Rintraccia l'informazione nel testo e riportala nello spazio sottostante.

La Madonna era una dea arcaica della terra

Il Presidente era una specie di Zeus

C8. A volte accanto alle immagini della Madonna e di Roosevelt si trova appeso un altro oggetto: quale?

A. ☐ Una moneta da un dollaro
B. ☐ Una cartolina sbiadita della Statua della Libertà
C. ☒ Una banconota da un dollaro
D. ☐ L'immagine di una moneta statunitense

C9. Quale città italiana (ormai decaduta) era considerata dai Lucani una vera e propria capitale?

A. ☐ Gerusalemme
B. ☐ Napoli
C. ☒ New York
D. ☐ Roma

C10. L'autore descrive con molta efficacia la situazione degli immigrati in America: completa la tabella in modo opportuno stabilendo se le informazioni si rintracciano o non si rintracciano nel testo.

		Si rintraccia	Non si rintraccia
a.	Non partecipano alla vita americana		X
b.	Lavorano per la malavita	X	
c.	Comprano piccole abitazioni che ristrutturano		X
d.	Mangiano solo pane come nel paese di origine	X	
e.	Si impegnano nello studio della lingua inglese		X
f.	Risparmiano pochi dollari	X	

C11. Ricostruisci il processo che conduce alla miseria gli emigranti che ritornano in Italia per un breve periodo e poi ci rimangono per sempre. Numera le frasi da 1 a 7.

5 la terra non è buona da lavorare e dà poco frutto, inoltre devono pagare le tasse
2 qualcuno offre loro l'acquisto di un piccolo terreno
7 torna la miseria
3 trovano una ragazza e la sposano
1 tornano in Italia, con l'intenzione di rimanere poco tempo
4 passano i sei mesi, il loro permesso scade e non possono più tornare in America
6 nascono i figli, e la moglie si ammala

C12. Rileggi la parte del testo che comincia con "*E con la miseria*" (riga 47) e termina con "*d'un bene perduto*" (righe 49-50). Quale sentimento affiora nelle parole dell'autore verso i miseri contadini?

A. ☐ Disapprovazione
B. ☐ Sottile ironia
C. ☒ Comprensione
D. ☐ Severo giudizio

C13. Con quale parola si potrebbe sostituire "*cataclisma*" (riga 52)?

A. ☒ Disastro
B. ☐ Disordine
C. ☐ Congiura
D. ☐ Insicurezza

C14. La crisi del 1929 peggiorò la situazione di molti italiani emigrati in America: per quale motivo?

A. ☐ Perché furono costretti a lavorare di più
B. ☒ Perché la propaganda dei governanti italiani li convinse a tornare in Italia
C. ☐ Per la perdita del lavoro
D. ☐ Perché dovettero vendere le loro proprietà

C15. Perché gli italiani non furono coinvolti dal fallimento delle banche americane?

A. ☐ Perché non avevano denaro
B. ☐ Perché cambiavano le lire in dollari
C. ☒ Perché affidavano i loro risparmi a banche italiane
D. ☐ Perché investivano i risparmi nell'acquisto di terreni

C16. Gli emigranti tornavano dall'America a bordo di un "*piroscafo*" (riga 57), ovvero:

A. ☐ piccolo aeroplano
B. ☒ imbarcazione per il trasporto merci
C. ☐ nave a vapore
D. ☐ traghetto

C17. Durante la crisi del 1929 molti emigranti fecero ritorno in patria. L'autore descrive la loro situazione con un'efficace similitudine che prende spunto dal mondo animale. Rintracciala nel testo e scrivila nello spazio sottostante.

mosche in ragnatela ....

C18. Ricostruisci la vicenda personale di Giovanni Pizzilli, rispondendo Vero o Falso alle seguenti affermazioni.

		Vero	Falso
a.	È un abilissimo calzolaio		X
b.	In America ha guadagnato molto	X	
c.	È anziano e disperato		X
d.	Ha comperato un terreno in Italia		X
e.	Ha quattro o cinque figli	X	
f.	Vive in miseria	X	

C19. Quale unità di misura utilizza Giovanni Pizzilli nel suo lavoro? Rintraccia l'informazione nel testo e riportala nello spazio sottostante.

Giovanni Pizzoli, mentre, mi prendeva le misure in pollici

C20. Quale giudizio complessivo sembra esprimere l'autore sulla condizione dei poveri contadini della Lucania?

A. ☐ I poveri contadini non hanno speranza, il loro destino è comunque la miseria

B. ☒ L'emigrazione riesce quasi sempre a sottrarre i contadini alla povertà

C. ☐ Il futuro per i poveri contadini può essere migliore soltanto grazie alla cultura

D. ☐ Le campagne sono destinate allo spopolamento a causa del fenomeno dell'emigrazione

LESSICO

D1. Nelle frasi che seguono manca la stessa parola, usata con significati di volta in volta diversi. Scrivi la parola mancante nelle caselle corrispondenti.

Esempio:

Al telegiornale hanno trasmesso un interessante ....servizio......... sul tema del surriscaldamento globale.

Il ....servizio...... da tè in mostra al museo è molto antico.

A. I trattori hanno cominciato ad arare il ....campo........... di prima mattina.

B. In questa stanza proprio non c'è .....campo....... , pertanto sarà difficile che tu riesca a telefonare.

C. Nel ....campo........ della moda gli stilisti italiani sono tra i più affermati.

D2. Trova la parola derivata che corrisponde alla definizione.

Esempio:

Fatto di legno ....legnoso........

A. Venditore di giornali ....giornalaio

B. Addetto alla distribuzione della posta ....postino........

C. Giorno di festa ....festivo....

D. Macchina che impasta il pane ....impastatrice.

D3. Sottolinea i falsi alterati presenti nel seguente elenco.

casupola – libraccio - tacchino – gattino - mattone – robaccia – nasello – coltellaccio – porticciolo – borsetta

D4. Scegli la corretta parola contraria tra quelle proposte.

A. obsoleto

☐ stabile ☒ attuale ☐ antico

B. glabro

☒ peloso ☐ instancabile ☐ deserto

D5. Disponi in ordine di intensità crescente i termini di ogni lista, come indicato nell'esempio.
Esempio: grande, enorme, smisurato

A. ☐ euforico, allegro, soddisfatto
☒ soddisfatto, allegro, euforico
....

B. ☐ loquace, laconico, silenzioso
☒ silenzioso, laconico, loquace
....

D6. Nelle seguenti frasi alcuni termini o espressioni sono utilizzati in senso figurato, mentre altre volte in senso letterale: metti una crocetta dove ritieni opportuno.

		Senso letterale	Senso figurato
a.	Il patè di fegato è apprezzato soprattutto nella stagione invernale.	X	
b.	Quel ragazzo ha davvero molto fegato!		X
c.	Nelle regioni a clima monsonico non sono rari episodi di bombe d'acqua.		X
d.	Ancora oggi si trovano numerose bombe inesplose risalenti alla Seconda guerra mondiale.	X	

D7. Risolvi il seguente cruciverba ponendo attenzione alle lettere già presenti nello schema. Se avrai fatto tutto in modo corretto, in verticale apparirà una parola molto comune in ambito scolastico.

1.	L	E	N	T	E	Z	Z	A				
2.	A	N	T	A	G	O	N	I	S	T	A	
3.	V	A	N	T	A	G	G	I	O			
4.	A	B	E	T	A	I	O					
5.	G	A	M	B	E							
6.	N	U	O	R	A							
7.	A				G							

1.	È il contrario di velocità.
2.	Si oppone al protagonista.
3.	È il contrario della parola "svantaggio"
4.	Nome collettivo che descrive un bosco di abeti.
5.	Lo sono anche quelle del tavolo
6.	È il nome femminile corrispondente al nome "genero".
7.	Nome derivato che descrive il periodo precedente un conflitto.

Parola verticale: lavagna

RIFLESSIONE SULLA LINGUA

E1. In quale delle seguenti frasi la parola "vicino" ha funzione di aggettivo?

A. ☐ Vicino a noi abita il sindaco della città.
B. ☐ Siediti qui vicino, così parliamo meglio.
C. ☐ Il mio vicino di casa è ripartito stanotte.
D. ☒ Il commissariato più vicino è alla stazione.

E2. Nelle frasi che seguono individua se il pronome "che" ha funzione di soggetto oppure di complemento oggetto. Metti una crocetta per ogni riga.

		Funzione di soggetto	Funzione di complemento oggetto
a.	La ragazza che hai visto al bar è mia cugina.	X	
b.	Il Danubio è il fiume che attraversa Bratislava.		X
c.	L'ultimo libro che ho letto mi è piaciuto molto.	X	
d.	È la presenza di acqua che rende possibile la vita sulla Terra.		X
e.	Il libro che si trova sul tavolo è un manuale di grammatica.	X	

E3. Quale di queste parole contiene un dittongo (sequenza di due vocali appartenenti alla stessa sillaba)?

A. ☐ Farmacia.
B. ☐ Paura.
C. ☒ Siamese.
D. ☐ Maestra.

E4. Il futuro semplice può avere funzioni diverse. Nelle frasi che seguono indica quale funzione ha il futuro.

		Esprime un comando	Esprime un'ipotesi	Esprime una concessione	Esprime un'azione futura
a.	Domani partirò per Milano.				X
b.	Saranno quasi le 13.00: è ora di andare a pranzo.	X			
c.	Sarà anche carina, ma si dà troppe arie.			X	
d.	Si informa la cittadinanza che nei giorni di mercato l'accesso alla piazza sarà tassativamente vietato alle auto.		X		
e.	Domenica i nonni festeggeranno le nozze d'oro.				X

E5. In quale delle seguenti frasi *mentre* ha valore avversativo e non temporale?

A. ☒ Mentre vado a scuola incontro sempre il mio vicino con il cane.
B. ☐ Stai sbagliando: ti lamenti mentre dovresti essere contento.
C. ☐ Ce la fai a riordinare la stanza mentre io vado a fare la spesa?
D. ☐ Il lupo arrivò mentre Cappuccetto Rosso stava raccogliendo fiori nel bosco.

E6. Leggi la voce che segue, tratta da un noto dizionario.

struzzo [strùz-zo] s.m. Uccello appartenente all'ordine degli Struzioniformi, di grandi dimensioni, con zampe molto lunghe e robuste che gli consentono di spostarsi velocemente di corsa, essendo incapace di volare; ha grosse piume e penne, usate un tempo come ornamento di cappelli e vestiti; è diffuso soprattutto in Africa: ventaglio di piume di s. ||s. d'America o americano, nandù ||fig. avere uno stomaco di s., riuscire a digerire qualunque cosa, con riferimento alla nota abitudine di questo uccello di inghiottire voracemente qualsiasi cosa gli capiti | fare la politica dello s., fare come lo s., fingere di ignorare una situazione invece di affrontarla, con riferimento alla credenza che l'uccello, in caso di pericolo, nasconda la testa nella sabbia. [ETIM] lat. tardo nom. strùthio, gr. strouthíōn da strouthós "struzzo" sec. XIII

Utilizzando le informazioni che puoi ricavare dalla voce del dizionario, oltre che le tue personali conoscenze grammaticali, indica se le seguenti affermazioni sono vere o false. Metti una croce per ogni riga.

		Vero	Falso
a.	È un nome maschile che al plurale esce regolarmente in -i	X	
b.	Essendo un nome, può essere seguito da un articolo	X	
c.	È un termine entrato in uso dopo l'anno mille		X
d.	La rapidità dello struzzo nella corsa compensa la sua impossibilità di volare	X	
e.	Le sue penne sono oggi molto richieste nell'industria dell'abbigliamento		X

E7. In ciascuna delle seguenti frasi è presente un predicativo del soggetto o un predicativo dell'oggetto. Per ognuna di esse scrivi nella colonna giusta il predicativo. Osserva l'esempio.

		Predicativo del soggetto	Predicativo dell'oggetto
es.	Marco è stato eletto capoclasse.	capoclasse	....
a.	La notizia lo ha reso molto triste.	....	triste
b.	I cittadini hanno scelto Alberto come sindaco.	....	sindaco
c.	Francesca viveva sola in una grande casa.	....	casa
d.	Dopo la partita i giocatori sembravano molto stanchi.	stanchi	....
e.	Gli amici hanno visto Luigi veramente felice per il magnifico regalo ricevuto.	....	regalo

Il mio risultato:

Prova di comprensione del testo A	.../20
Prova di comprensione del testo B	.../16
Prova di comprensione del testo C	.../20
Lessico	.../7
Prova sulle conoscenze grammaticali	.../7
Punteggio totale	.../70

Ho trovato la prova:

- ☐ Difficile
- ☐ Più semplice di quanto pensassi
- ☐ Adeguata alle mie aspettative e capacità
- ☐ Altro ....

VERSO L'ESAME DI STATO

LA PROVA SCRITTA DI ITALIANO

A partire dall'anno scolastico 2017-2018 sono state introdotte alcune novità relativamente all'Esame di Stato, in particolare per quanto riguarda la prova scritta di Italiano. Cosa è cambiato? La normativa prevede tre tipologie di testi più una possibile traccia mista. Eccole in sintesi:
Tipologia A: testo narrativo o descrittivo
Tipologia B: testo argomentativo
Tipologia C: comprensione e sintesi (riassunto) di un testo letterario, narrativo, divulgativo, scientifico.
Traccia mista: stesura di un unico testo costituito da parti narrative, parti descrittive e parti argomentative, secondo una logica che combina le varie tipologie testuali. Per esempio Tipologia A + Tipologia C, oppure Tipologia B + Tipologia C, oppure Tipologia A + Tipologia B e così via.

Ti proponiamo di seguito una breve sintesi delle caratteristiche di queste tipologie testuali che avrai già avuto modo di affrontare in maniera più approfondita nel corso del triennio. Troverai alcuni esempi di tracce delle nuove tipologie di testi, cosicché tu possa prendere confidenza con esse ed esercitarti in vista dell'Esame.

TIPOLOGIA A

Testo narrativo

Il testo narrativo ha il compito di raccontare un fatto o una storia (reale o immaginaria) che si svolge in un tempo e in un luogo (reale o immaginario).

Ecco in sintesi le fasi di lavoro che ti suggeriamo per affrontare questa tipologia di testo:

1. Leggi bene la traccia e identifica le informazioni fondamentali richieste nel titolo: dove e quando è ambientato il racconto che devi scrivere? Ci sono personaggi che devono comparire? Ci sono situazioni particolari di cui parlare?
2. Stendi la "scaletta", ovvero una elencazione ragionata di brevi frasi o nuclei di pensiero da ampliare:
   - antefatto
   - situazione iniziale
   - svolgimento (fatto centrale)
   - conclusione (epilogo) e possibili conseguenze
3. Stendi il tuo testo.
4. Rileggi due volte il testo ponendo attenzione a:
   a. rispetto della scaletta e delle richieste del titolo;
   b. ortografia, punteggiatura, lessico e sintassi.

Testo descrittivo

Si tratta di un testo che ha il compito di descrivere qualcosa o qualcuno, ponendo particolare attenzione alle caratteristiche dell'oggetto o della persona o dell'animale da descrivere, in modo che il lettore ne ricavi un'immagine il più possibile chiara. In generale la descrizione può essere di due tipi:

1. Oggettiva: la descrizione si avvale di dati e informazioni che vengono esposte con un linguaggio preciso, senza esprimere impressioni oppure opinioni personali.
2. Soggettiva: la descrizione si avvale di dati e informazioni che vengono esposti con linguaggio vario e presenza di opinioni e giudizi personali.

Ecco in sintesi le fasi di lavoro che ti suggeriamo per affrontare questa tipologia di testo:

1. Leggi bene la traccia e identifica le informazioni fondamentali richieste nel titolo: chi e che cosa devi descrivere? Che tipo di descrizione devi realizzare? Ci sono richieste aggiuntive?
2. Stendi una "scaletta": che cosa descriveresti di ogni personaggio/oggetto? L'abbigliamento, gli atteggiamenti, l'aspetto fisico, le forme, i colori... Se devi realizzare una descrizione soggettiva, trova delle metafore o delle immagini per rendere meglio il tuo punto di vista.
3. Stendi il tuo testo
4. Rileggi due volte il testo, ponendo attenzione a:
   a. rispetto della scaletta e delle richieste del titolo;
   b. ortografia, punteggiatura, lessico e sintassi.

TIPOLOGIA B

Testo argomentativo

Questa tipologia di testo ha un obiettivo ben preciso: convincere attraverso delle argomentazioni. In altre parole, si tratta di argomentare, cioè sostenere con validi argomenti la propria tesi.

Ecco in sintesi le fasi di lavoro che ti suggeriamo per affrontare questa tipologia di testo:

1. Leggi bene la traccia e prendi in esame il tema che devi affrontare. Raccogli le idee, scegliendo la tesi che devi sostenere, le argomentazioni, l'antitesi con le relative argomentazioni e predisponi validi argomenti per confutarla.
2. Stendi la "scaletta":
   - **tesi**
   - argomentazione 1
   - argomentazione 2
   - (argomentazione 3)
   - **antitesi**
   - argomentazione 1 (antitesi)
   - argomentazione 2 (antitesi)
   - confutazione dell'antitesi
   - **conclusione**
3. Stendi il tuo testo
4. Rileggi due volte il testo, ponendo attenzione a:

a. rispetto della scaletta e delle richieste del titolo
b. ortografia, punteggiatura, lessico e sintassi

TIPOLOGIA C

Comprensione e sintesi di un testo

Questa tipologia testuale si pone l'obiettivo di comprendere a fondo un testo e di produrne una sintesi, cioè un riassunto.

Ecco in sintesi le fasi di lavoro che ti suggeriamo per affrontare questa tipologia di testo:

1. Leggi bene la traccia e prendi in esame il testo riportato.
2. Leggi con attenzione le domande e successivamente il testo. Sottolinea gli elementi che ritieni significativi per rispondere correttamente alle singole domande.
3. Rispondi in modo chiaro, coerente, corretto ed esaustivo alle domande.
4. Preparati a fare il riassunto: innanzitutto leggi con attenzione quale lunghezza massima dovrà avere, poi procedi in una delle seguenti modalità:
   - Se il testo è espositivo (es. articolo di giornale, saggio…) rintraccia le informazioni principali e trascrivile in uno schema, che costituirà la base di partenza per scrivere il riassunto. Un metodo efficace per raccogliere le informazioni principali è quello ispirato al modello dei giornalisti di cronaca: le 5 W e l'H. WHO? (chi?) WHAT? (cosa?) WHERE? (dove?) WHEN? (quando?) WHY? (perché?) HOW? (come?)
   - Se il testo è di tipo narrativo, dividilo in sequenze e assegna un titolo a ciascuna di esse. Partirai dai titoli per fare il tuo riassunto.
   - Se il testo è di tipo letterario (ad. es. un testo poetico o teatrale), dovrai porre particolare attenzione alla comprensione del linguaggio e, se non è presente, svolgere la parafrasi. Nella stesura del riassunto, concentrati sull'individuazione dei fatti principali (individuazione di sequenze o blocchi narrativi) ed elimina eventuali discorsi diretti.
5. Stendi il testo del riassunto.
6. Rileggi due volte il testo, ponendo attenzione a:
   a. Rispetto dello schema (le 5 W e l'H) o delle sequenze e della richiesta del titolo: il tuo riassunto contiene le informazioni fondamentali affinché il lettore possa capire un testo che non ha mai letto? Hai rispettato la lunghezza massima richiesta?
   b. Ortografia, punteggiatura, lessico e sintassi

TIPOLOGIA MISTA

Si tratta di una tipologia di prova che prevede la stesura di un unico testo costituito da parti narrative, parti descrittive e parti argomentative. Per esempio, potrebbero capitare le seguenti richieste:

1. Stesura di un testo argomentativo con parti descrittive
2. Stesura di un testo narrativo con parti descrittive
3. Comprensione e sintesi di un testo letterario, divulgativo o scientifico seguita dalla stesura di un testo narrativo o argomentativo

Anche in questo caso il punto di partenza è la lettura puntuale del titolo per comprendere bene le richieste; farai quindi riferimento alle indicazioni fornite per le singole tipologie richieste.

TRACCE PER L'ESAME

ESEMPI DI PROVE: TESTO NARRATIVO

Primo esempio

«A volte capita di trovarsi in un ingorgo mostruoso e di sentirsi come criceti tra le spire d'un serpente di metallo: nelle macchine tutti suonano i clacson, inveiscono contro la vecchia che ha perso il tempo del semaforo verde, contro il vicino che stringe, contro l'autobus messo di traverso, contro il mondo intero».

(Marco Lodoli, *Isole. Guida vagabonda di Roma*, Torino, Einaudi, 2005)

Scrivi un breve racconto i cui personaggi siano inseriti nell'ambiente descritto nel testo. Immagina che il tuo lavoro sarà letto ai tuoi compagni nell'ambito di un progetto scolastico che, attraverso ricerche e narrazioni, voglia far emergere i problemi della città.

Secondo esempio

«I grandi non c'erano più.

Le macchine stavano lì ma loro non c'erano. Le case vuote, le porte aperte.

Correvamo tutti da una casa all'altra. Barbara era agitata.

- Da te c'è qualcuno?

- No. E da te?

- Nemmeno.

- Dove sono? - Remo aveva il fiatone

- Ho guardato pure nell'orto.

- Che facciamo?- Ha chiesto Barbara

Ho risposto: - Non lo so».

(Niccolò Ammaniti, *Io non ho paura*, Torino, Einaudi, 2001)

Traendo spunto da questo brano, scrivi un racconto in cui immagini cosa potrebbero fare dei ragazzi in una circostanza così singolare. Il tuo testo sarà inserito in una raccolta di testi scritti dai tuoi coetanei e sarà letto dai tuoi compagni nei quali vuoi suscitare curiosità ed interesse.

Terzo esempio

Un ricordo che non si cancellerà mai dalla mia memoria.

Sviluppa questo spunto in un racconto legato ad un episodio della vita scolastica che ti fa piacere ricordare. Il tuo racconto sarà letto durante una festa di fine d'anno e ha come scopo quello di condividere un'esperienza significativa e conservarne il ricordo.

IL TESTO DESCRITTIVO

Primo esempio

Osserva attentamente la riproduzione del dipinto di Pierre-Auguste Renoir, Pomeriggio dei bambini a Wargemont. Dopo aver descritto in modo oggettivo uno dei personaggi presenti nel quadro, soffermati sulle impressioni che suscita in te questa immagine.

Secondo esempio

La tua scuola si è gemellata con un istituto di un'altra regione italiana. Ti è stato affidato il compito di pubblicare sul sito web una descrizione del quartiere o del territorio in cui è situata la tua scuola. Il tuo testo è indirizzato agli alunni dell'altro istituto e ha lo scopo di fornire loro informazioni sugli aspetti urbani/paesaggistici e sui luoghi di socializzazione delle ragazze e dei ragazzi della tua età.

Terzo esempio

C'è un oggetto che desideri avere da tanto tempo, ma temi che i tuoi genitori non siano propensi ad acquistarlo. Cerca di convincerli con una descrizione che metta in luce le qualità dell'oggetto e insieme contenga un'efficace e convincente argomentazione circa i motivi per cui vuoi averlo.

IL TESTO ARGOMENTATIVO

Primo esempio

Leggi il seguente brano tratto dal Marcovaldo di Italo Calvino.

«Il vento, venendo in città da lontano, le porta doni inconsueti, di cui s'accorgono solo poche anime sensibili, come i raffreddati del fieno, che starnutano per pollini di fiori d'altre terre.
Un giorno, sulla striscia d'aiola d'un corso cittadino, capitò chissà donde una ventata di spore, e ci germinarono dei funghi. Nessuno se ne accorse tranne il manovale Marcovaldo che proprio lì prendeva ogni mattina il tram. Aveva questo Marcovaldo un occhio poco adatto alla vita di città: cartelli, semafori, vetrine, insegne luminose, manifesti, pur studiati che fossero a colpire l'attenzione, mai fermavano il suo sguardo che pareva scorrere sulla sabbia del deserto. Invece, una foglia che ingiallisse su un ramo, una piuma che si impigliasse ad una tegola, non gli sfuggivano mai; non

c'era tafano sul dorso d'un cavallo, pertugio di tarlo in una tavola, buccia di fico spiaccicata sul marciapiede che Marcovaldo non notasse, e non facesse oggetto di ragionamento; scoprendo i mutamenti della stagione, i desideri del suo animo, e le miserie della sua esistenza».
(Italo Calvino, *Romanzi e racconti*, Milano, Mondadori)

Per Marcovaldo, la vita in campagna permette di seguire il ciclo delle stagioni, di amare la natura, di evitare il traffico e la frenesia della città: per questo egli pensa che sia meglio vivere in campagna piuttosto che in città. Rispetto all'affermazione è meglio vivere in campagna piuttosto che in città, esprimi la tua opinione e argomenta il tuo assenso o il tuo dissenso. Nel testo devi indicare una tesi di partenza, le ragioni o gli argomenti a sostegno della tua tesi e gli eventuali riferimenti a testi o autori che aiutino a sostenere questa tua tesi.

COMPRENSIONE E SINTESI DI UN TESTO LETTERARIO, DIVULGATIVO, SCIENTIFICO, ANCHE ATTRAVERSO RICHIESTE DI RIFORMULAZIONE

Primo esempio

«Per la verità, non amo molto viaggiare. Tutti i miei viaggi li ho affrontati malvolentieri, la realtà dei nuovi paesi equivale a quella dei vecchi. Le città mai viste, arrivandoci, mi preoccupano anzi come vere e proprie persone che bisogna attentamente conoscere se non si vuol correre il rischio di legarvisi con una amicizia inutile e precipitosa. Il traffico, gli abitanti, certe frasi che si colgono al volo, le risposte del garzone del bar, le sfumature del nuovo dialetto, invece di interessarmi, ormai mi rattristano. Non ho tralasciata l'abitudine giovanile di tenere in tasca un quadernetto, ma gli appunti che vi trovo, alla fine, sono così futili! E ciò che di rado nel mio ambiente mi colpisce, ossia che la vita scorre ogni giorno e una volta per sempre, mi si rivela altrove irreparabilmente vero.
È negli specchi degli alberghi che mi accorgo di essere invecchiato....»
(Ennio Flaiano, *Diario notturno*, Milano, Adelphi, 1994, con adattamenti).

1. **Leggi questo brano di Ennio Flaiano e individuane l'affermazione di fondo. Trascrivila, fingendo di essere l'autore, completando l'attacco che ti viene dato; dal momento che sei l'autore, riprendi e riusa parole e frasi del testo.**
   Il viaggiare mi fa capire che ....

---

2. **Trascrivi almeno due motivi che spingono lo scrittore a non amare i viaggi.**
   ....
   ....
   ....
   ....

3. Perché secondo lo scrittore è un rischio amare città mai viste? Rispondi motivando brevemente la tua risposta.

....

....

....

4. Riscrivi il breve testo guardando al viaggio con gli occhi e l'entusiasmo di un giovane.

....

....

....

....

5. Sostituisci le parole o espressioni sottolineate con altre parole o espressioni equivalenti come significato, senza però modificare il senso del testo.

«Per la verità non amo molto viaggiare. Tutti i miei viaggi li ho affrontati malvolentieri, la realtà dei nuovi paesi **equivale a** quella dei vecchi. Le città mai viste, arrivandoci, mi preoccupano anzi come vere e proprie persone che bisogna attentamente conoscere se non si vuol correre il rischio di legarvisi con una amicizia inutile e **precipitosa**. Il traffico, gli abitanti, certe frasi che si colgono al volo, le risposte del garzone del bar, le sfumature del nuovo dialetto, invece di interessarmi, ormai mi rattristano. Non ho tralasciata l'abitudine giovanile di tenere in tasca un quadernetto, ma gli appunti che vi trovo, alla fine, sono così **futili**! E ciò che di rado nel mio ambiente mi colpisce, ossia che la vita scorre ogni giorno e una volta per sempre, mi si rivela altrove **irreparabilmente** vero.
È negli specchi degli alberghi che mi accorgo di essere invecchiato....»

1. ....
2. ....
3. ....
4. ....

PROVA STRUTTURATA IN PIÙ PARTI, RIFERIBILI ALLE TIPOLOGIE A), B), C).

ESEMPIO DI PROVA CHE CONTEMPLA LE TIPOLOGIE A E C

I Draghi

Il drago (corpo di rettile, artigli affilati, ali di pipistrello e alito fiammeggiante), in molte saghe della cultura occidentale del passato ha rappresentato l'incarnazione del male. Gli eroi dovevano spesso confrontarsi con questo feroce mostro: forse conosci la leggenda di San Giorgio che, valoroso soldato dell'imperatore Diocleziano, avrebbe ucciso un dragone liberando così la figlia di un re. Tuttavia in altre tradizioni, per esempio in Oriente, i draghi sono stati riconosciuti come simbolo di saggezza e di fortuna.

Ma i draghi non sono solo animali immaginari: vivono tra noi. Non sputano fuoco né mangiano uomini come quelli delle saghe: sono rettili e pesci che vanno da poche decine di centimetri a più di due metri di lunghezza. Vediamo ora alcuni strani animali che si sono meritati questo temibile appellativo.

Il drago volante (Draco volans)

È una lucertola lunga circa 20 cm, è diffusa in Indonesia e ha una piccola membrana tra le zampe anteriori e i fianchi che gli permette di planare lanciandosi tra gli alberi.

Il drago barbuto (Pogona vitticeps)

È un rettile che vive in Australia e Tasmania, è lungo 60-70 cm e possiede squame appuntite, come una specie di barba, sulla gola e anche sui fianchi.

Il drago di Komodo (Varanus komodoensis)

Nella piccola isola indonesiana di Komodo, nel 1912 è stata scoperta la più grande specie di lucertola esistente sulla Terra, che può arrivare a 3 metri di lunghezza e 165 chilogrammi di peso. Pur esistendo da milioni di anni ed essendo simile agli antichi fossili del Pleistocene, questo sauro è rimasto nascosto agli occhi della scienza fino al secolo scorso.

Il drago (conosciuto anche come varano) di Komodo è il più grande predatore dell'isola, grazie a ghiandole velenifere e a una saliva carica di batteri. Mangia di tutto, può attaccare pecore e capre e, se disturbato, morde anche l'uomo. È un animale protetto da leggi e convenzioni internazionali».

(Da *Focus junior*, con adattamenti)

Dopo aver letto il testo rispondi alle seguenti domande.

Comprensione globale

1. In alcune tradizioni e culture ai draghi sono associate virtù positive V. ☐ F. ☐
2. Gli animali realmente esistenti chiamati comunemente draghi sono tutti di grandi dimensioni (oltre il metro di lunghezza) V. ☐ F. ☐
3. Secondo te, perché animali reali così diversi sono accomunati dal medesimo appellativo di "drago"?
   A. ☐ Sono rettili di aspetto insolito rispetto a quelli più comuni
   B. ☐ Hanno le ali e sputano fuoco
   C. ☐ Sono rettili o pesci di aspetto insolito rispetto a quelli più comuni
   D. ☐ Sono tutti pericolosi per l'uomo

Comprensione puntuale

1. Con quale parola sostituiresti saghe?
   A. ☐ Leggende
   B. ☐ Feste
   C. ☐ Resoconti
   D. ☐ Storielle
2. Il fossile è un organismo animale o vegetale appartenente a lontane ere geologiche
   V. ☐ F. ☐
3. La membrana è un ossicino. V. ☐ F. ☐
4. Con quale parola o espressione sostituiresti il verbo planare?
   A. ☐ Precipitare
   B. ☐ Volare in discesa
   C. ☐ Scendere in picchiata
   D. ☐ Dondolarsi
5. Il drago di Komodo appartiene alla specie delle lucertole. V. ☐ F. ☐
6. Il drago di Komodo è noto agli scienziati da molti secoli. V. ☐ F. ☐

Sintesi e riscrittura

a. Riassumi il testo riducendo il testo all'incirca alla metà

b. Immagina un titolo più lungo per il testo, che inizi così: "I Draghi..."

Produzione libera

c. Immagina di trovarti su un'isola deserta e di incontrare un animale che non hai mai visto prima, dalle caratteristiche insolite e fantastiche. Descrivilo dettagliatamente. Poi racconta che cosa fa l'animale quando ti vede e le emozioni che suscita in te l'incontro.

UN ESEMPIO DI TERNA

TRACCIA A (testo narrativo)

Leggi il brano tratto dal romanzo di Beatrice Masini e Roberto Piumini *Ciao tu!* e sviluppa la traccia che ti viene proposta:

Indovinami. Scoprimi. Sappimi. Sono quella con due centimetri di capelli o quella un po' bambina con la treccia dietro? Quella alta, misure d'armadio, o quella bionda, faccia buona, aria un po' da topo? E credi che faccia qualche differenza, il muso che ho, il colore degli occhi, la taglia, il girovita girotette? Ti amo alla stessa maniera da un metrocinquanta a un metrottanta, la concentrazione di ormoni adrenalina bacibacibaci è la stessa, credo. E non mi sai. Il bello di cominciare una scuola è solo questo: dietro non c'è niente, nessuno sa chi sei. Puoi buttarti alle spalle un passato di smorfiosa, un bollo di secchia: cambiare, una volta almeno. Nessuno ti conosce, puoi essere quello che vuoi. Hai questa possibilità. Bisogna spenderla bene.

Per questo, anche per questo mi diverto ad amarti. Perché non mi sai. Non puoi nemmeno riconoscermi dalla scrittura, basterebbe un mese, due, e già non funzionerebbe più. Non sai se sono bella, se sono un mostro, se ho le bolle sulle ali del naso, se mi lavo i capelli una volta al giorno o alla settimana. Non sai se scrivo le poesie, scalo le montagne o faccio tutt'e due le cose (insieme). Non sai se ti ho infilato questo messaggio nello zaino all'intervallo, o quando sei andato a fare la pipì nell'ora di greco, o tra la terza e la quarta ora, che sei uscito in corridoio a salutare quel tipo nano della B. Non sai.

Io invece so di te le seguenti cose:

che hai il naso un po' storto (botta da piccolo? zuffa alle medie? volo dalla pertica?);

che hai gli occhi color chicco d'uva;

che sei troppo, troppo magro;

che sei tanto, tanto carino.

Mi basta, per adesso.

Certo, ti amo è una parola grossa. Diciamo che ti, e basta.

E adesso indovinami.

(Beatrice Masini, Roberto Piumini, *Ciao tu!* BUR, 2014)

Stai partecipando ad un concorso di scrittura creativa per ragazzi, indetto da un quotidiano della tua zona. A tutti è stato fornito lo spunto che hai letto e viene richiesto di **proseguire il racconto in prima persona**.

Sei tu il destinatario del misterioso messaggio. Dovrai immaginare la breve trama del racconto, organizzare la narrazione, curare la ricerca dei termini adatti e creare aspettative ed emozioni nel lettore del tuo lavoro. Non dimenticare la revisione finale di ciò che hai scritto, che verrà pubblicato sul giornale.

TRACCIA B (testo argomentativo)

Dopo aver letto il brano che segue sviluppa la traccia proposta:

«Mettiamo il caso che un giorno uno studente, chiamiamolo Tonio, si presenta da te e ti ordina: "Dammi i soldi che hai in tasca". Non è giusto. Quei soldi sono tuoi, è la tua mancia e tra l'altro ti serve per comprare le figurine dei calciatori. Allora tu vai dalla maestra per farti difendere. La maestra ne dice quattro a Tonio. Tonio ci riprova. Tu torni dalla maestra. La maestra porta Tonio dal preside che lo sospende per una settimana dalla scuola. È stata applicata la legge e tu sei stato difeso giustamente. Chiaro?» Cominciavo a capire il senso di quella strana giornata al mare... «Chiaro», risposi. «Mettiamo invece che tu non vada dalla maestra, ma, spaventato dal coltellino di Tonio, gli dia i tuoi cinque euro. E tutti i tuoi compagni di classe fanno lo stesso. Tutti, tranne uno, che chiamiamo Simone. Lui non ha paura, non paga, ma un giorno Tonio, che è più grande e più forte, gli lega le stringhe delle scarpe, lo spinge giù dalle scale e Simone si rompe un braccio. Tonio dovrebbe essere punito, ma la maestra non può farlo perché non ha visto la scena e chi l'ha vista sta zitto per paura. Così Tonio può continuare a mettersi in tasca soldi non suoi. Il risultato è che nella tua classe ora esistono due leggi: quella giusta, della maestra e del preside, l'unica che dovrebbe valere; e quella di Tonio, illegale, la legge del più forte. Avrai già sentito la parola mafia.» «Sì, papà.» «È una parola molto antica. Pensa, apparve per la prima volta in un vocabolario nel 1868, con due significati: "miseria" e "prepotente". L'autore del vocabolario spiega che la mafia è la "miseria" di chi crede che vale solo la legge del "prepotente". E aggiunge: quell'uomo si crede tanto importante grazie alla sua forza e invece è una bestia, perché solo tra le bestie la ragione sta dalla parte del più forte. Si sente un uomo rispettato, un "uomo d'onore", e invece è un animale. 1868: più di un secolo fa. Sai cosa succederebbe se Tonio per un secolo intero continuasse a intascare le mance dei compagni in classe?» Non finirei mai un album di figurine, pensai. Ma risposi: «Non so». «Te lo dico io», continuò papà. «Tra cento anni, dare quei soldi a Tonio non ti sembrerebbe più un'ingiustizia, ma una cosa normale. Pensaci. Abituato a farlo ogni giorno, ti sembrerebbe una cosa giusta, come dare i soldi al bidello in cambio della pizzetta. Non ricorderai più che la richiesta di Tonio era nata come una prepotenza e non ti verrà più in mente di andare dalla maestra per farti difendere. A forza di accettare l'ingiustizia, non vedrai più l'ingiustizia. Non vedrai più due leggi diverse in classe: quella della maestra, giusta, e quella di Tonio, ingiusta. No, ne vedrai una sola: quella della maestra, del preside e di Tonio. E ubbidirai allo stesso modo. Anzi, siccome Tonio usa il coltellino e la maestra no, ubbidirai alla legge di Tonio anche a costo di andare contro la legge della maestra. È quello che è successo nella nostra Sicilia.»

«Cioè?» «Accanto alla legge giusta, quella dei sindaci, della polizia, dei giudici, che regola la vita delle città, se n'è formata un'altra, di prepotenti che, ad esempio, entrano in un negozio e dicono al proprietario: "Tu ogni mese devi darci dei soldi. In cambio noi ti proteggiamo. Se non accetti, mettiamo una bomba e ti salta in aria il negozio. Se provi a rivolgerti alla polizia, te ne pentirai." E come voi non andate dalla maestra e fate finta di non vedere Simone che rotola dalle scale, così il negoziante non andrà alla polizia, starà zitto e ogni mese pagherà per paura di saltare in aria col suo negozio. A forza di pagare, alla fine gli sembra una cosa normale, giusta, come pagare il canone (= abbonamento) della televisione. Capisci? Ricordati la data di quel vocabolario: 1868.

Dopo oltre un secolo di ingiustizie del genere, la mafia, l'insieme di quei prepotenti che si credono grandi uomini e invece sono bestie, è diventata una legge accettata da molti, in Sicilia, rispettata come la legge dei sindaci e della polizia. Anzi, spesso le due leggi sono la stessa cosa, perché ci sono poliziotti e sindaci che stanno dalla parte della mafia.» «Come se Tonio dividesse i soldi che ci ruba col preside?»

(da L. Garlando, *Per questo mi chiamo Giovanni*)

Verità o silenzio: come comportarsi in situazioni compromettenti? È più giusto rivelare la verità oppure nasconderla per amicizia o per paura?

TRACCIA C (testo argomentativo)

Leggi il seguente testo e rispondi alle richieste.

MOMO: UNA STRANA VICINA DI CASA

In realtà, soltanto la gente dei dintorni conosceva quella singolare costruzione, che chiamavano «la rotonda». Ci pascolavano le loro poche capre, i bambini usavano lo spiazzo tondo al centro per giocarci a palla e lì, qualche volta, alla sera si incontravano gli innamorati.

Ma un giorno fra la gente corse voce che da poco tempo qualcuno era venuto ad abitare nelle rovine.

Molto giovane, una bambina, si supponeva. Non si poteva dirlo con esattezza perché vestiva in modo abbastanza bizzarro. Si chiamava Momo o qualcosa di simile.

L'aspetto di Momo era davvero insolito e forse anche poteva allarmare quelle persone che danno molta importanza all'ordine e alla pulizia. Era piccola e magrolina, di modo che, anche con la migliore buona volontà, non si poteva decidere se avesse otto oppure dieci anni. Aveva una testa selvaggia ricciuta nera come la pece, palesemente mai sfiorata da pettini o forbici. Aveva grandi vividi meravigliosi occhi del pari neri come la pece, e i piedi dello stesso colore perché andava quasi sempre scalza. Soltanto in inverno, e non sempre, portava scarpe, spaiate di colore e di forma e per di più troppo larghe. Perché Momo non possedeva niente all'infuori di quel che trovava qua e là o che le regalavano. La sottana, che le arrivava alle caviglie, era un complesso di toppe variopinte di tessuti d'ogni genere. E sopra la gonna portava una vecchia giacca maschile lunga e larga, con le maniche di molto rimboccate ai polsi: Momo non voleva accorciarle perché era previdente e sapeva che sarebbe cresciuta ancora. E chissà se mai avrebbe potuto trovare un'altra giacca così bella e con tante tasche così pratiche.

Un pomeriggio giunsero alla rotonda alcuni abitanti dei dintorni, per tentare un approccio facendole qualche domanda.

Momo restò in piedi davanti a loro guardandoli intimorita, perché temeva di essere scacciata. Ma subito si rese conto che quella era gente amica e cordiale. Anche loro erano poveri e conoscevano la vita.

« Allora, ti trovi bene qui? », chiese uno degli uomini.

« Sì », rispose Momo.

« E pensi di fermarti qui? »

« Sì, magari! »

« Ma non ti aspettano da qualche parte? ». « No. »

« Voglio dire, non devi tornare a casa? »

« Io qui sono a casa » assicurò prontamente Momo.

« Da dove vieni bambina? »

Momo fece con la mano un gesto vago indicando un punto qualsiasi, comunque distante. «Chi sono i tuoi genitori?» continuò a domandare l'uomo.

La bimbetta guardò perplessa lui e gli altri e fece un'alzatina di spalle. Quelli del gruppetto si scambiarono un'occhiata e sospirarono.

«Non aver paura, non vogliamo scacciarti.»

Continuò l'uomo, «Vogliamo aiutarti.»

Momo annuì, zitta e non del tutto convinta.

«Hai detto che ti chiami Momo, vero?»

«Sì.»

«È un bel nome, ma è la prima volta che lo sento. Chi te lo ha dato?» «Io» disse Momo.

«Da te ti sei chiamata così?»

«Sì.»

«Quando sei nata?».

Momo ci pensò un po' su e infine disse: «Se mi ricordo bene, ci sono sempre stata»

«E, di' un po', non hai una zia, uno zio, una nonna o una qualche famiglia da viverci assieme?»

Momo si limitò a guardare l'uomo e stette zitta un bel po'. Infine mormorò: «Io qui sono a casa.»

«Va bene, va bene», la rassicurò l'uomo.

«Però sei ancora una bambina ... quanti anni hai?» «Cento», rispose Momo, titubante.

La gente rise, considerandolo uno scherzo.

«Su, dunque, quanti anni hai per davvero?»

«Centodue» rispose Momo, ancor più esitante.

Il gruppetto tardò un poco a rendersi conto che la bambina conosceva qualche numero afferrato per caso ma che per lei non aveva alcun senso perché mai nessuno le aveva insegnato a contare. [...]

«Sai Momo», riprese a parlare l'uomo che per primo le aveva rivolto la parola, «noi pensiamo che forse potresti trovare un tetto presso uno di noi. Vero è che tutti abbiamo poco spazio e che quasi tutti abbiamo un bel mucchio di figli da sfamare, ma pensiamo che se ne arriva uno in più non fa una gran differenza. Che te ne pare?».

«Grazie», disse Momo e sorrise per la prima volta. «Molte grazie! Ma non potete lasciarmi stare qui?»

La gente stette a discutere a lungo e finalmente si misero d'accordo. Erano del parere che lì la bambina avrebbe potuto trovarsi altrettanto bene come in una delle loro case e tutti insieme si sarebbero presi cura di lei, il che sarebbe stato più facile che per uno solo di loro.

Cominciarono subito, ripulendo e aggiustando, nel miglior modo possibile, il locale mezzo diroccato dove viveva Momo. Uno di loro, che era muratore, costruì finanche un piccolo focolare con le pietre e adoperò, per il tiraggio, un tubo rugginoso.

Un vecchio falegname utilizzò chiodi e legno di alcune cassette per ricavarne un tavolinetto e due sgabellini. E per ultime vennero le donne recando un vecchissimo lettino di ferro battuto a svolazzi, un materasso quasi sano e due coperte di tipo militare. Ed ecco che l'antro pietroso di sotto le rovine era diventato una comoda stanzetta. Il muratore, dotato di senso artistico, dipinse un bel mazzo di fiori sulla parete, con l'aggiunta di cornice e chiodo per completare l'opera.

E poi vennero i figli di quella gente e portarono i cibi che avevano messo in serbo. Così cominciò l'amicizia fra la piccola Momo e la gente dei dintorni.

(tratto da M. Ende, *Momo*, Longanesi, 1984)

1. Cos'è la singolare costruzione che gli abitanti chiamano "*la rotonda*"?

A. ☐ l'antica piazza del mercato
B. ☐ un rifugio militare
C. ☐ le rovine di un teatro all'aperto
D. ☐ un ricovero invernale per animali

---

2. Quando gli abitanti si recano alla rotonda per incontrare Momo?

A. ☐ Al calar del sole
B. ☐ Di notte
C. ☐ Di pomeriggio
D. ☐ Una mattina appena dopo l'alba

---

3. Quanti anni potrebbe avere Momo?

A. ☐ un'età indefinita
B. ☐ dodici anni
C. ☐ meno di otto anni
D. ☐ all'incirca otto o dieci anni

---

4. Nel testo si afferma che Momo vestiva in modo "bizzarro". Con quale parola si potrebbe sostituire questo aggettivo?

A. ☐ ricercato
B. ☐ stravagante
C. ☐ simpatico
D. ☐ ordinario

5. **Cosa significa l'espressione "*l'aspetto di Momo poteva allarmare quelle persone che danno molta importanza all'ordine e alla pulizia?*"**

....

6. **Con quali caratteristiche fisiche e con quale abbigliamento è presentata Momo? Indica se le seguenti affermazioni sono vere o false.**

		Vero	Falso
a.	Magrolina		
b.	Alta		
c.	Capelli lunghi lisci		
d.	Scarpe spaiate e larghe		
e.	Gonna corta		
f.	Giacca maschile lunga e larga		

7. **Cosa teme Momo all'arrivo degli abitanti?**

....

8. **Inizialmente Momo si mostra impaurita di fronte agli abitanti ma poi capisce che si tratta di gente "*amica e cordiale*". Cosa accomuna quella gente e Momo? Rintraccia l'informazione nel testo e scrivila nello spazio sottostante.**

....

9. **A una precisa domanda Momo risponde di avere cento o centodue anni. Che cosa significa?**

....

Sintesi e riformulazione del testo

Fai la sintesi del testo proposto riducendolo a circa 20 righe.

TRACCIA MISTA

Desideri da molto tempo un cane, ma i tuoi genitori non sono propensi a regalartelo. Utilizza queste foto per convincerli mediante una descrizione che evidenzi soprattutto i pregi, le caratteristiche comportamentali positive di un cane e che contenga anche un'efficace e convincente argomentazione circa i motivi per cui vuoi avere un cane.

IL COLLOQUIO PLURIDISCIPLINARE

Una modalità per affrontare il colloquio orale dell'Esame di Stato è la preparazione di percorsi pluridisciplinari. Vi suggeriamo alcuni modelli di percorso.

Percorso pluridisciplinare 1:
DALLA RIVOLUZIONE INDUSTRIALE AL BOOM ECONOMICO

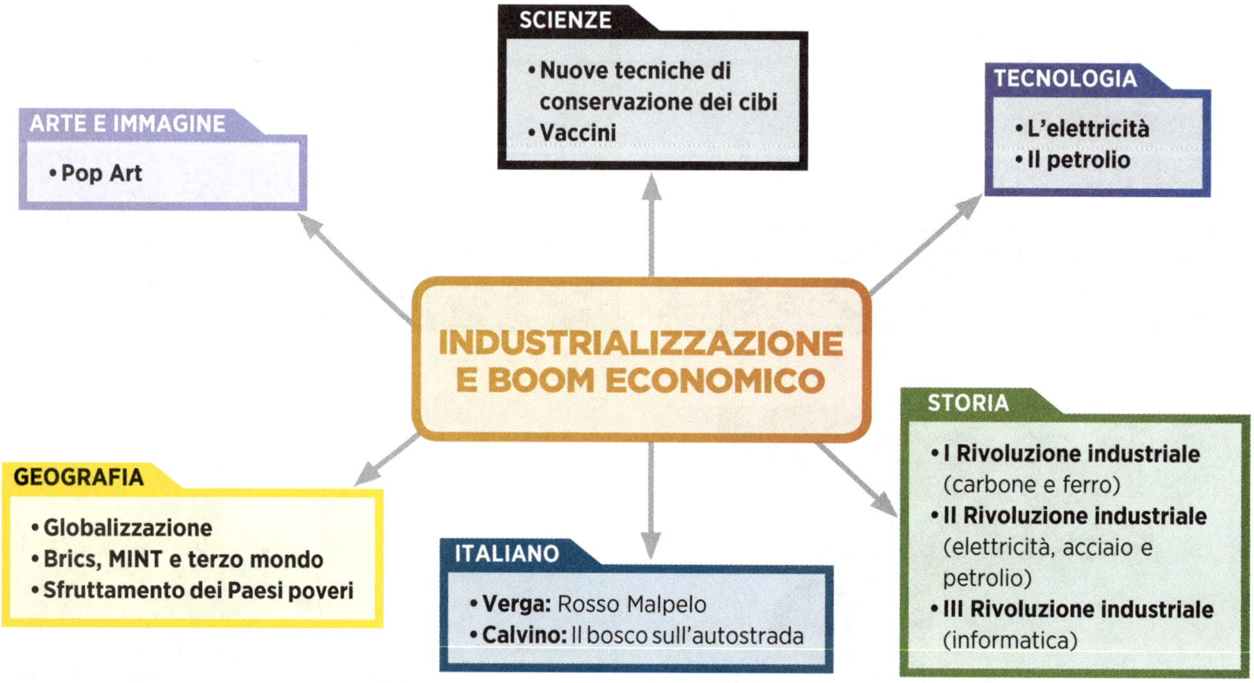

Percorso pluridisciplinare 2:
LE DISCRIMINAZIONI RAZZIALI

Percorso pluridisciplinare 3:
LA I GUERRA MONDIALE

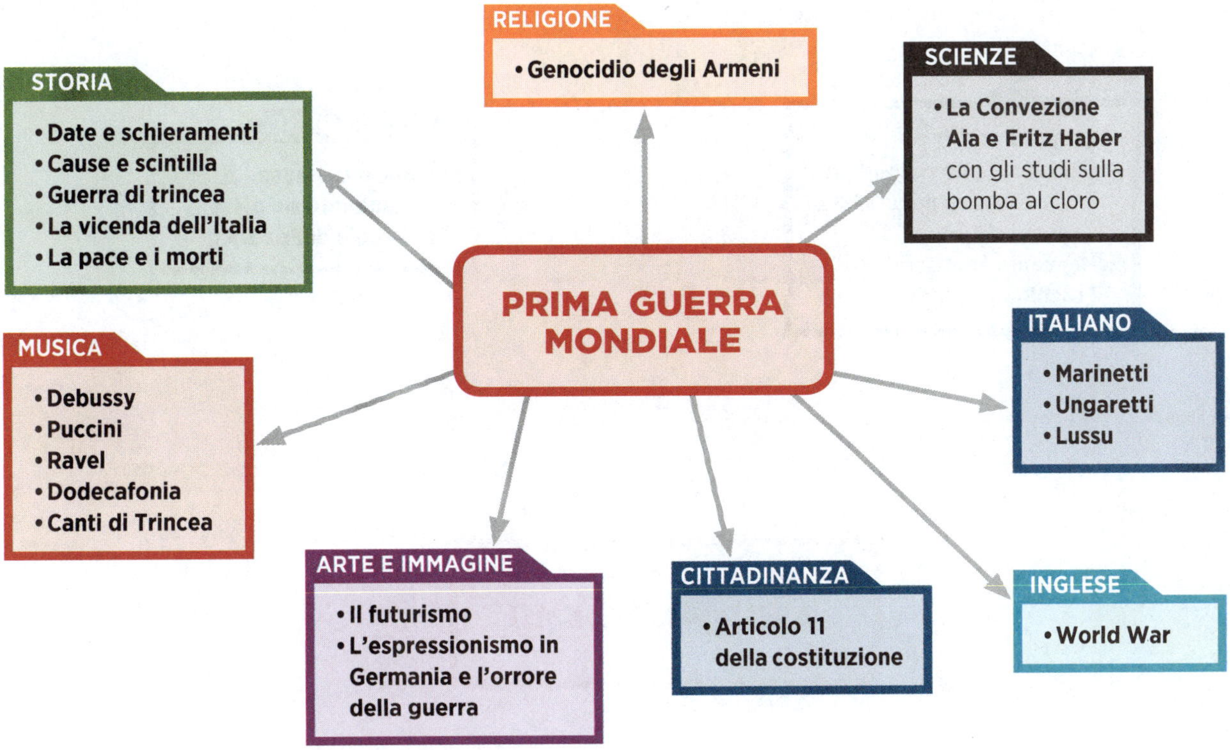

Percorso pluridisciplinare 4:
I MURI

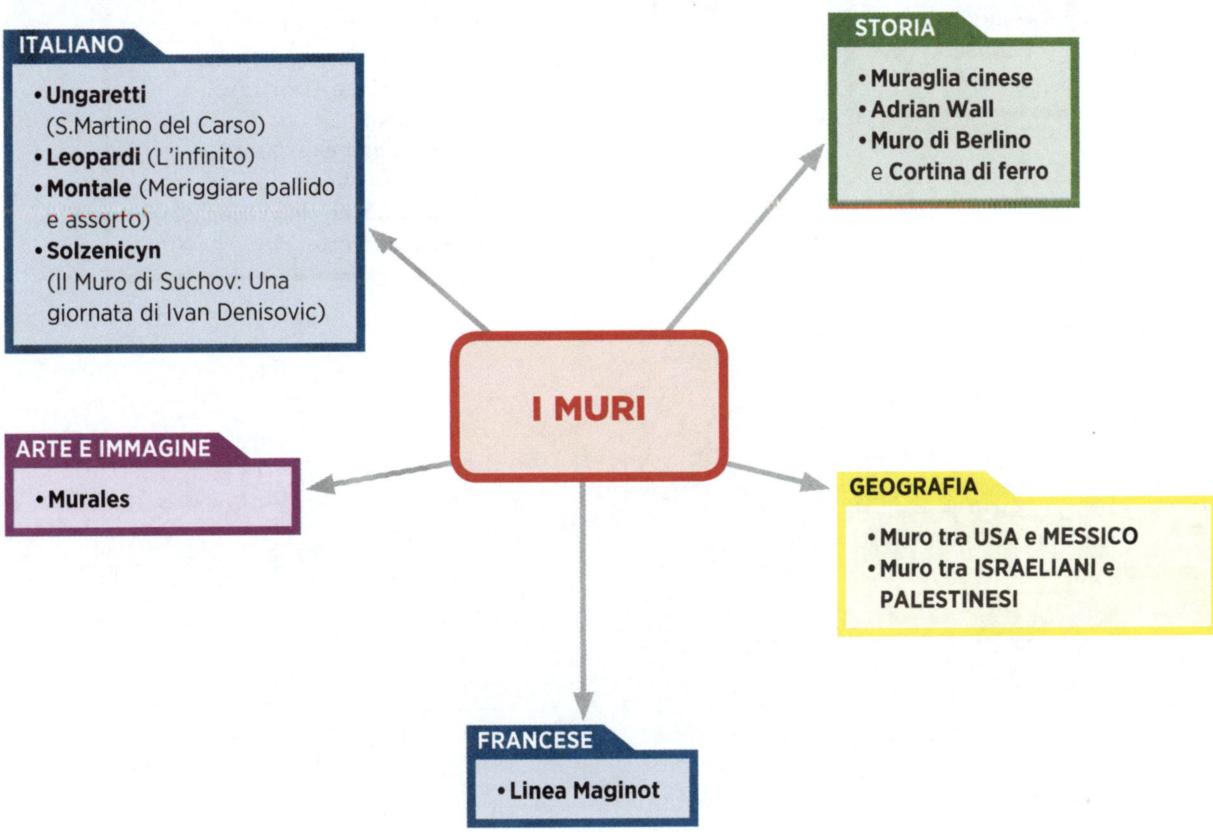

Percorso pluridisciplinare 5:
IL ROMANTICISMO

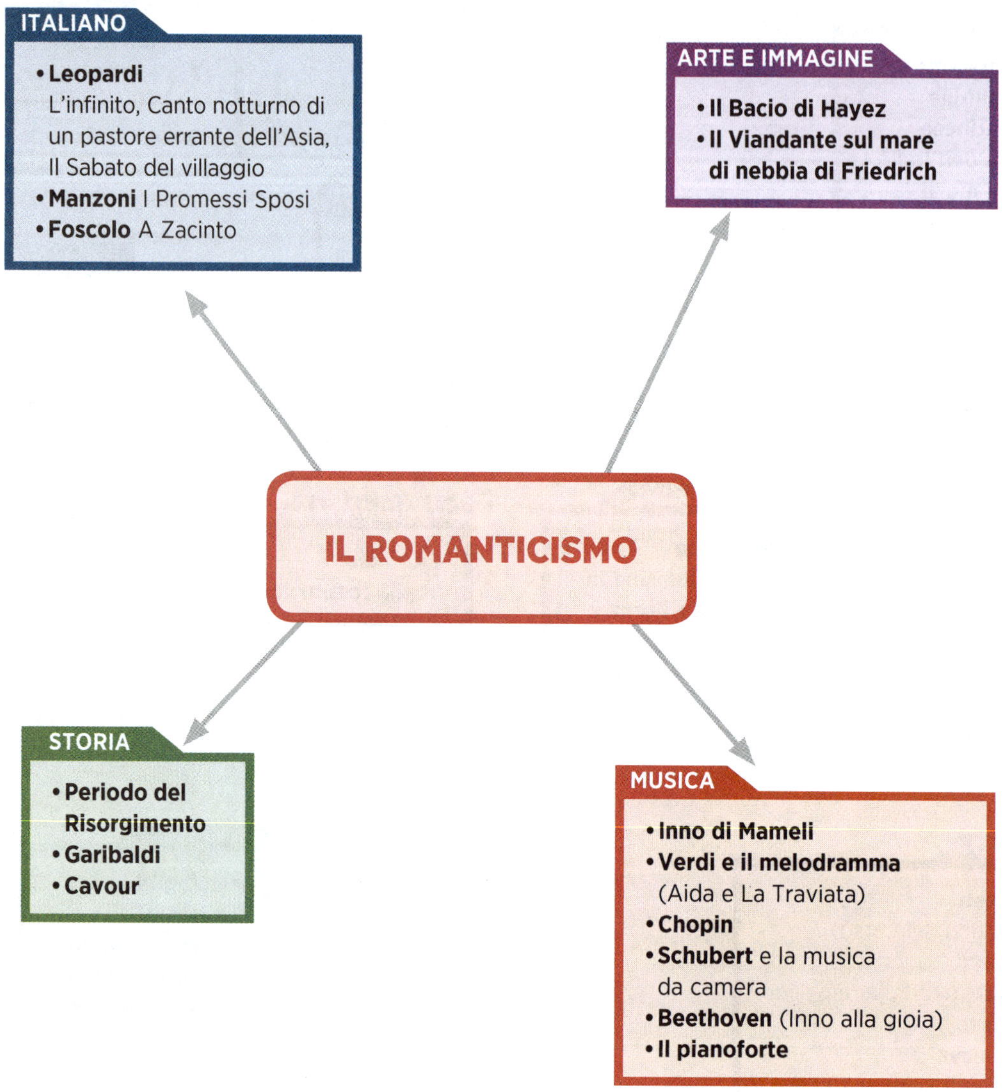

Percorso pluridisciplinare 6:
LE DROGHE

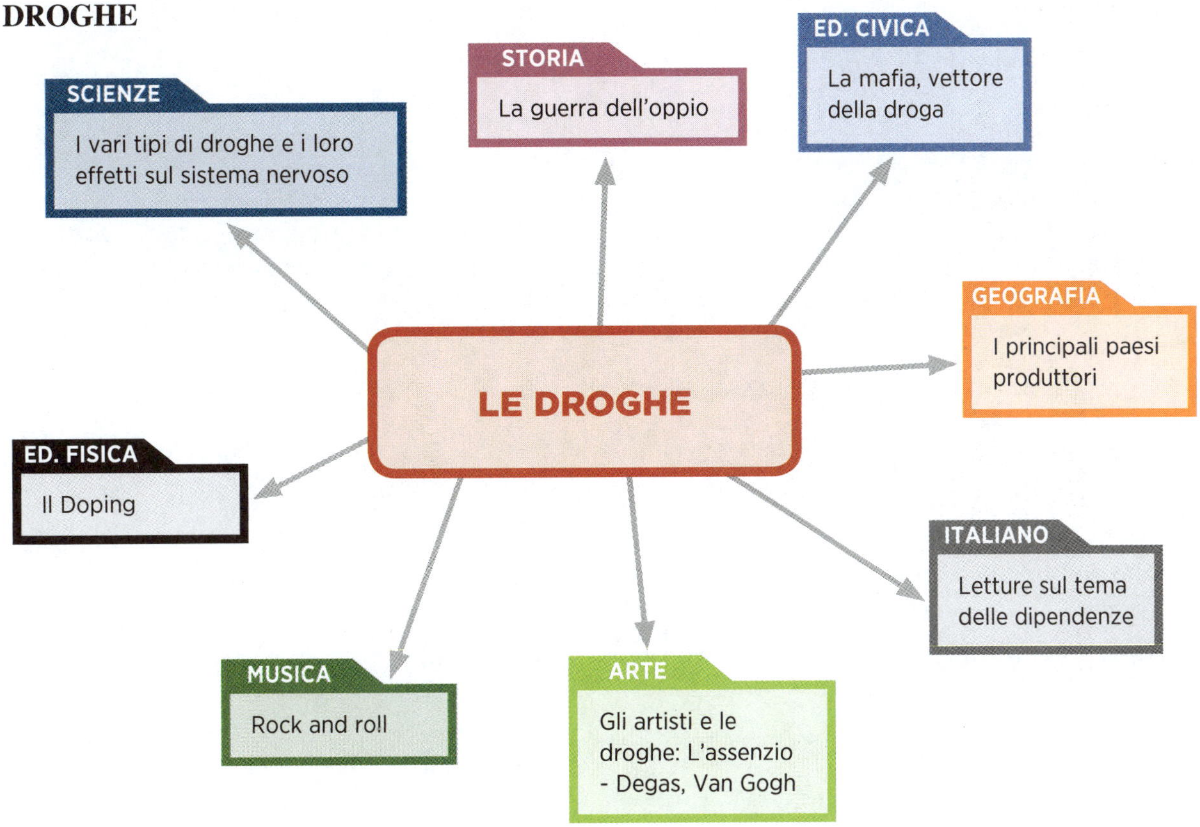

Percorso pluridisciplinare 7:
LO SFRUTTAMENTO MINORILE

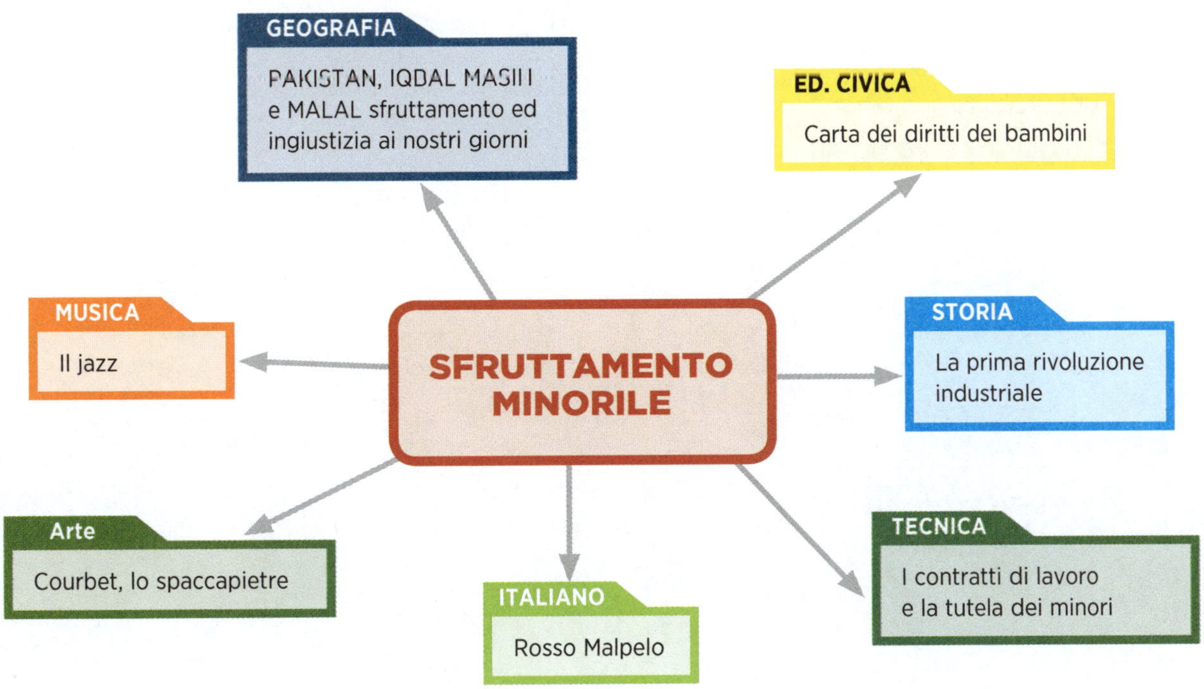